U0032811

改變**學習方式，**
就能**改變人生**

價值 3600 萬的超效學習法

望月俊孝———著 陳聖怡———譯

THE Right Way to Study

何歳からでも結果が出る 本当の勉強法

理解所帶來的快樂，
是至高無上的喜悅。
——李奧納多・達文西

The most pleasure is the joy of understanding.

- 正在準備考試的在學學生。
- 自己的孩子正遭遇學習方面的困擾。
- 努力進修深造的上班族。
- 學校和補習班的老師、在企業和公益團體中負責教育訓練的人。
- 即使已有一定年紀，仍想發掘自我潛能的人。
- 希望記憶力和個人能力更受肯定的人。
- 久違地想學點東西的人。

這本書最適合這樣的你！

丟掉這兩個字，
真正的學習才會開始

如果你想加快獲得學習成果的速度，並達成目的，你需要徹底從腦海裡抹去某個詞彙，它就是：

○○（提示：兩個字）。

我在意識到這兩個字之前，已經浪費了將近數千萬日圓與二十年的歲月。

我從小就很喜歡念書、學新的東西。

很多人都說我是「認真的乖孩子」。

但直到三十歲，我在學習這件事情上，卻都沒有留下什麼好的回憶。

……甚至可說是糟糕透頂。

・雖然以體保生的身分升上高中，在校隊活動卻陷入困境，也失去了學習意願；甚至還曾休學一段時間，並尋求諮商協助。

- 即使發憤決定考大學，但就算重考，還是沒考上第一志願。
- 進入大學後，雖然立志要當律師，卻在大一開學短短幾個月內就受挫。
- 大學畢業後，進入汽車公司任職，在所屬部門的培訓課程中名列前茅，但業績在二十八名新進人員中卻排名第二十七。
- 為了追求自己喜歡的工作，而跳槽到嚮往的企管顧問公司；只是業績仍然不見起色，才半年就被調到不重要的冷宮職位。
- 婚後為了累積資產而投資不動產。雖然讀了三十多本書，也參加許多研習課程、拚命獲取知識，最後卻還是因為泡沫經濟崩潰，背負了約四千萬圓的債務。
- 拚命研究潛能開發相關知識，也進入潛能開發公司擔任主力講師，並曾在各大型證照考試補習班和上市公司授課。但自立門戶後，卻根本招不到學生，又多背了兩千萬圓的債務（負債合計六千萬圓）。

不斷學習，卻也不斷失敗，並進一步把自己逼入絕境。

「我都這麼拚命了，為什麼努力總是沒有回報？」我打從心底痛恨既有知識，也有上進心，卻什麼都沒有學好的自己。

然而……就在我置身谷底時，才發現自己腦中始終有個揮之

不去的詞彙。那就是我在開頭對大家的提問。

　　要求「完美」。

　　「我非得做到很完美才行。」

　　「沒有人會接受不完美的東西。」

　　「不完美，就沒有價值。」

　　「我不能發表或提供別人不夠完美的東西。」

　　我曾經很講求「完美主義」。

　　所以，不論什麼事，我馬上就會開始厭惡自己「怎麼做得很糟糕」，然後放棄。明明越學越多，卻越來越沒有自信，或是因為反抗而沉迷於能彌補自信的事物。

　　我所學的一切，全部都淪為完美主義的犧牲品。

只要改變學習方法，不管幾歲都能逆轉人生

　　幸運的是，我在負債六千萬圓的谷底裡成功拋棄了完美主義。都已經到這個地步了，無論如何都不能死要面子。

　　．我要接受自己的能力有所極限，並充分運用。

　　．我要承認自己總有做不到的事，並持續學習。

　　．我要穩定拓展自己的能力，以符合對方期待的水準。

我不再追求完美主義，而是「完成」主義。

這樣做的結果，讓我在第二次創業的一年內，就清償了六千萬圓的債務。

好不容易有了點餘裕的我，憑著「完成」主義，再度熱心投入學習之中。這時候，我的學習方法漸漸改變了。吸收知識的速度加快，所學的事物也都變成了自己的本錢。

經濟上和時間上都已自由的我，進行了大約一億七千萬圓的自我投資，向世界各地的專家學了很多。

後來，我在三十年內將這些經驗轉化為具體形式，共出版了四十冊書籍，累計銷售近一百萬冊，成功向七十四萬人傳授自己所學。

這一切都要多虧「完成」主義，才讓我得以覺醒。

在已過六十五歲的今天，我終於將這套「完成」主義學習法建構成體系，首度在本書公開。

大部分的學習，都需要在某個時間點經過他人評分，根據結果好壞，決定是否能取得「入學」「錄取」「執業」等前往下一階段的通行證。

本書將仔細談論這方面的學習實際情況。

「想提高考上的機率」「想提高分數」「總之能合格就好」……這本學習書會一二〇%地滿足各位這些需求，直接傳

授最有效的方法。

而且，只要讀完這本書，就能發現人類知性的潛能所在，讓人生更充實、更快樂又熱情洋溢。

本書的目標，就是成為眾多「輸入學習」書籍的最終版本。

集三十年「學習法」研究的大成

本書的具體內容如下：

第一章，在開始學習之初斬斷「迷惘」的方法。例如「面對內在矛盾的方法」「如何尋找學習方法」等。

第二章，訂立學習目標、安排計畫的方法。例如「學習的定義」「如何決定學習要達到的水準」「成功經驗談的極限」等。

第三章，以提升記憶力為主的具體學習技巧。例如「能提升記憶力的科學方法」「筆記術」，以及「超高齡化社會的實用記憶術」等。

第四章，如何給予自己的學習成效適當的評價。例如「如何提升用來評估學習成果的分析力」「正確的複習方法」，以及「挑選教學機構的訣竅」等。

第五章，如何更進一步改善自己學習的方法。例如「如何布置學習環境」「消除疲勞的方法」，以及「想起學習意義的方法」等。

　　書中不只是我自己的經驗談，也加入了我在這三十年內花費一億七千萬圓（約新臺幣三千六百萬元），向各國專家討教有關學習心理學與行為經濟學的知識。

　　且每一章節都會附上近年發表的科學論文實證，請各位可以安心使用。

　　如果各位的情況符合以下的任何一項描述，這本書就是為你而寫的：

・正在準備考試的在學學生。

・自己的孩子正遭遇學習方面的困擾。

・努力進修深造的上班族。

・學校和補習班的老師、在企業和公益團體中負責教育訓練的人。

・即使已有一定年紀，仍想發掘自我潛能的人。

・希望記憶力和個人能力更受肯定的人。

・久違地想學點東西的人。

　　不論男女老幼，凡是想「擺脫現狀」「不希望人生就只是這樣」的人，我相信本書都會成為你的助力。

　　本書完全不需要從頭開始讀。首先，請各位先瀏覽目錄。

　　在討論每一章要傳達的主題時，我會以列舉的方式，將多數

人誤以為正確的學習方式打「╳」，再將本書建議的真正學習方式打「○」。

　　所列舉的每一句話，都是用我的人生歲月淬鍊而成的。

　　請從最能打動你的句子開始讀起。

　　例如……

╳關於學習，「答對的」越多越好

○關於學習，發現越多「答錯的」越好

╳關於學習時間，最重要的是「持久」

○關於學習時間，最重要的是「準時開始」

╳一開始就用螢光筆畫重點

○先全部讀完兩次後，再用螢光筆畫重點

╳終極的讀書法，是在一分鐘內速讀完整本書

○終極的讀書法，是「跳過九成的內容」

╳不擅長的領域要靠團班學習；擅長的領域則要個別學習

○不擅長的領域要靠個別學習；擅長的領域才要靠團班學習

×會說「我不懂」，就代表沒讀書

○說得出「我不懂」，就是用功學習的證明

×在意象訓練中想像「因合格而開心的自己」

○在意象訓練中想像「克服困難的自己」

如果有任何一個句子讓你為之驚訝，就先從那裡開始讀吧。

〈本書的特徵〉

① 所有項目皆為○×形式

一眼就能知道
「什麼可以做」和「什麼不能做」！

② 附有科學佐證

由哈佛大學、史丹佛大學等世界各國的
專家親自傳授！

二〇二二年十月，日本首相岸田文雄在國會演講時，宣布將在五年內投入一兆日圓的預算，以補助個人培養新技能。

學習的技巧，將是所有人從今往後越來越需要講究的。而本書將會助各位一臂之力。

從現在開始還來得及。

事實上，我已過六十五歲，但藉由本書所介紹的學習法，依然能年年感受到自己的進步。

就如同我想告訴大家的，這是一本**不論幾歲都能學有所成的學習法**！

請大家一定務必閱讀本書，更新一下自己的學習能力。

第1章
Start

在學習之初
斬斷「迷惘」的方法

第2章
Plan

訂立學習目標、安排計畫

第**4**章

Check

給自己的學習
適當的評價

第5章
Improve

持續改善學習方法

在學習之初斬斷「迷惘」的方法

✕ 將死之際，
人們會後悔「沒有多玩一點」

○ 將死之際，
人們會後悔「沒有更好學一點」

「即將離開人世時，最讓你感到後悔的事是什麼？」

這是一項對所有人而言都至關重要的提問。

我們遲早都會離開人世，卻應該沒有人真能死得毫無遺憾，每個人想必都會對自己某件事做得不夠而感到後悔。

關於這一點，我收到了很多來自安寧療護現場的訊息。其中最常見的，就是「沒有多玩一下、多享受一點人生」。

人生不能重來，倘若沒有好好享受的話，確實是一大損失。

但是，盡情玩樂的人生真的就能算是無悔的人生嗎？

這裡為各位介紹一項有點出人意表的研究。

「如果讓你的人生重新來過，你會在哪方面做出改變？」

一九八九年，美國亞利桑那大學教授理查・金尼爾（Richard Kinnear）對三百一十六名受試者提出了這個問題。

參與這項研究的年齡層十分廣泛，包括了：二十至二十九歲、三十至五十五歲，以及六十四歲以上的人。

簡單來說，這項研究是以所有成人為對象。當然，受試者們的人生經驗不盡相同，但顯現出來的結果卻相當有趣。

票選結果，第八到第二名的選項如下：

第八名：在工作和生活上取得更好的平衡（9%）。
第七名：更省吃儉用，不浪費錢（13%）。
第六名：花更多時間與家人相處（15%）。
第五名：過著更依從己心的生活（15%）。
第四名：更勇於冒險（17%）。
第三名：了解更多自我管理的方法（17%）。
第二名：活得更積極進取（24%）。

也許會有人想：「竟然還有比這些排名更前面的？」畢竟感覺上，這些項目已經差不多包括了人生常見的「後悔」。

榮登第一名的是這一項：

「更努力受教育」（39%）。

由此可見，不管是哪個年齡層的人，都會對「以前要是再多

用功一點就好了」感到後悔。

另外，根據全球知名民調公司蓋洛普在一九五三年和一九六五年所做的調查，「最讓人後悔的事」第一名同樣是「沒有更好學一點」。

為什麼會這樣呢？

因為「學習」可說是解決人生所有問題的萬能鑰匙。

談到工作，如果多用功一點，就能在「收入」和「工作與生活平衡」的問題上少一點後悔。

談到生活，如果多用功一點，就能在「自我管理」和「職涯」的問題上少一點後悔。

談到做人，如果多用功一點，就能在「合夥」和「職場人際關係」的問題上少一點後悔。

人生就是不斷煩惱的過程。

覺得迷惘、猶豫不決時，就去「學習」吧。

這就是能讓你笑著離開人世的祕訣。

02

✕ 學習要以「完美」為目標

○ 學習要以自己定義的「完成」為目標

經常有人問我：

「有沒有那種『絕對不會出錯』的學習方式？」

但我想告訴大家的，反而是「『保證會出錯』的學習方式」。各位知道是什麼嗎？

答案就是「追求完美」。

我在〈前言〉提過，完美主義是你再怎麼追求，都追不到盡頭的。

但是人的時間有限。一旦開始追求完美，到最後反而什麼也做不到，還往往會因此失去自信。

因此，我想送給各位一個詞彙，就是「完成主義」。

請大家從「完美主義」轉換成「完成主義」。

明確掌握自己要完成的這幅拼圖到底長什麼樣子，然後只專

注在能拼出這個模樣的每一片之上，徹底學習。

這種說法可能會讓大家聯想到準備升學或證照考試時，常被提醒要注意「出題趨勢和對策」。不過，這種方法對於拓展視野、實現夢想來說，也是非常重要的。

接下來想告訴大家一個非常戲劇化的真實故事。

有一款叫做《星露谷物語》的電腦遊戲，玩家必須靠自己的力量打理已然荒廢的農場；有點像是任天堂發行的《集合啦！動物森友會》那樣。

然而事實上，這款遊戲是一名男性透過自學，光憑一己之力開發出來的。

他的名字是艾瑞克‧巴隆（Eric Barone）。

他受到日本遊戲《牧場物語》的啟發，在大學專攻程式設計，立志成為遊戲製作人。

現在若想製作一款大型遊戲，數億圓資金和數百人組成的開發團隊已經算是最基本的配備了，但艾瑞克卻從頭到尾一手包辦。他對自己的構想就是這麼有信心。

不過，這可說是一項有勇無謀的挑戰。

除了程式設計，他還需要進行其他作業：作曲、像素圖繪製、音效設計、寫腳本……一般來說，要由各領域專業人士負責的部分，他都得一肩扛起。因此，艾瑞克先是想像自己要達

成什麼目標，再思考該怎麼做才能達標。

　　換言之，即便是自學，他也不是劈頭拿起工具書就讀，而是決定好自己想在遊戲裡表現什麼，再揀選出完成這些東西所需要的元素，然後一口氣學到好。

　　這是一個「運用所學」「觀察範例」「重新建構」的過程。

　　他並沒有去找工作，花了整整五年，潛心投入遊戲製作。

　　最後，他的努力有了回報。

　　這款遊戲在二〇一六年發售後，很快便創下全球熱銷三百萬份的紀錄。評論家也對這款遊戲的美術設計予以盛讚，後來，艾瑞克更以億萬富翁的身分名列「《富比士》傑出青年榜」（Forbes 30 Under 30，《富比士》雜誌每年會選出三十位三十歲以下的傑出青年領袖）。

　　各位對這個故事有什麼想法？

　　艾瑞克的成功，在於他腦中一直都有遊戲的「完成品」。因此，他不但沒有掉入完美主義的陷阱，並能進行精準的自主學習，最終名利雙收。這可說是最理想的實用學習典範。

　　請各位務必效法這種學習心態。

　　如果是學生，可以不必拘泥於校內考試的成績，只要以志願學校的歷屆考題為核心，專注研讀就好。

如果是社會人士，可以不必拘泥於學問體系，只學習與自身工作的輸出技能有關的部分。

如果覺得自己就要無法抵擋「完美主義」的誘惑，不妨想想艾瑞克的壯舉。

這個也得學，
那個也得學才行！

揀選出必要的部分，
一口氣學到好！

必要部分

時間有限，
別再拘泥於「完美主義」！

轉換成「完成主義」，
只專注於重點，直到達標！

只要秉持完成主義，就能越來越接近完美

工作上也是，為了想把一件任務做到完美，不知不覺花費太多時間，結果怎麼做都做不完。

這種時候，請各位要把「完成主義」放在心上。

舉個例子，假設有 A、B 兩人，A 秉持的是「完美主義」，B 則秉持「完成主義」，兩人都做了同樣的工作。

A 因為無法達到完美，結果中途便拋下工作，或乾脆放棄挑戰。接著又跑去做另一件不相干的工作，還投入新的企畫案，但同樣遭到完美主義波及，沒能做出成果，只好不斷更換職務。

另一方面，B 的完成度雖然只有 50%，但他認為「目前的自己頂多只能做到這個程度」，所以暫時保持「現階段已完成」的心態。

雖然第一次的完成度只有一半，但第二次時，他專注在尚未順利完成的 50%，並成功改善了這 50% 裡的一半（25%）。

如此一來，第二次的完成度就是「一開始做好的 50%」＋「第二次進行的 50%× 後續改善的 50%」，等於：50% ＋ 50%×50% ＝ 75%。

第三次，他專注在尚未改善的那 25%，又改善了其中的一

半（12.5%），得到了 87.5% 的完成度。

這樣不斷重複下去的結果：

第一次：50%。

第二次：75%。

第三次：87.5%。

第四次：93.75%。

第五次：96.875%。

即使每次都只改善了50%，卻能越來越接近完美。

因此，從結果來看，完成主義反而更能讓自己接近完美。

相反的，完美主義會讓我們無法接受自己的無能為力，不肯將自己努力的成果公諸於世，自然也無法帶來任何貢獻，最終黯然收場。

不以完美為目標，而以完成為目標。

這才是讓結果接近完美的最佳方法。

03

✗ 打從一開始，
就要為「遠大的目標」學習

○ 學習因「欲望」開始，
為「價值」而持續

「欲望」。乍看之下，這個詞彙似乎與學習毫無關係。

許多人以為，很會念書的人早就捨棄了欲望之類的東西，只憑著「使命」或「價值」來勉勵自己、發憤圖強。

不過說實話，一般人打從一開始就沒有這種東西，有的只是對現狀的不滿，或是對將來模糊的幻想。

不過各位大可放心。**剛開始只要這樣就好。**

二〇一一年，以色列臺拉維夫大學教授哈姆・費希曼（Chaim Fershtman）所領導的團隊，發表了一項意義重大的研究結果。

他們在高中的體育課上，要求學生跑兩趟六十公尺短跑。

第一趟是按照平常上課那樣，一個一個接著跑；第二趟則是設有獎項的賽跑。

獎品分成兩種：很貴的獎品，以及便宜的獎品。

受試者分成以下四組：

A 組：冠軍可以贏得高額獎品，採多人排名賽。
B 組：冠軍可以贏得高額獎品，採個人計時賽。
C 組：冠軍可以贏得便宜獎品，採多人排名賽。
D 組：冠軍可以贏得便宜獎品，採個人計時賽。

研究團隊透過這場實驗，發現了「報酬、競賽形式與放棄的關連」。

至於「放棄」的方式，也分成兩種：
一、棄賽：根本不參加第二趟賽跑。
二、中途棄權：在第二趟賽跑中放棄繼續跑。

結果非常有趣。

首先是「不參加」第二趟賽跑的比例。能獲得便宜獎品的 C 組和 D 組，各有 7% 的人棄賽。

能獲得高額獎品的 A 組和 B 組則是全員參加。

那麼，在第二趟賽跑中半途而廢、「中途棄權」的人又有多少呢？

在 A 組（高額獎品、多人排名）中，有四成的人起跑後，一發現自己會輸，就選擇了棄權。

但能獲得高額獎品且採個人計時賽的 B 組，沒有人中途棄權。

為什麼會產生這種差異呢？研究團隊做出了以下分析：

「這種差異並非出自金錢方面的利益，而是要從其中的**內在動機**來解釋。」

內在動機所指的不是報酬之類的外在收穫，而是發自受試者個人內心的動機。

舉例來說，下列這些都是內在動機：

一、想贏得比賽或喜歡跑步。

二、想滿足實驗發起人或老師的期待。

三、覺得半途而廢很丟臉。

像第三項這種因在意社會大眾眼光而帶來的罪惡感，其實也是很完整的內在動機。

正因為如此，如果要做的是自己曾做過的事（就像跑步），我們通常不會考慮中途放棄。

但這裡還發生了另一個有趣的現象。

若是為了得到高額獎品，而且一旦看到必須打敗的對手出現

在眼前，人們就會付出更多努力。

　　但這種努力會帶來很重的疲勞與負擔。所以，受試者一旦發現自己會輸掉比賽，心裡就會產生「算了吧」「不划算」等念頭，導致不顧自己的面子和名譽，中途放棄。

要聚焦在「自己的真心」

　　這項研究結果非常適合用來鼓勵包括自己在內的所有人。

　　任何事情都需要「開始」和「持續」。不播種就不會發芽。但儘管發了芽，要是完全不照顧的話，就不會長出果實。

　　那麼該怎麼做，才能讓播下的種子長出果實呢？

　　答案是：開始做一件事時，首先要忠於自己的「欲望」，並強烈意識到自己能獲得的「報酬」。

　　至於報酬，就算是金錢以外的東西也沒問題。

　　更充裕的時間或相處起來更自在的人際關係也包含在內；不如說，這些報酬比金錢更好。

　　「想早日脫離現在的環境。」

　　「想更受歡迎。」

　　「想好好用功，讓那些人刮目相看！」

請好好重視這些出自「真心」的感情。

只要像這個研究一樣，讓受試者評估「報酬」，並製造出有望獲得它的感覺，人們必然會因此採取行動。

不過，一旦開始行動，就要忘記競爭和報酬，聚焦在這件事能為自己帶來的成長，以及自己背負了多少期待的「價值」。

因「欲望」開始，為「價值」而持續。

這種心態的切換，才能為自己培養出持續學習的精神。

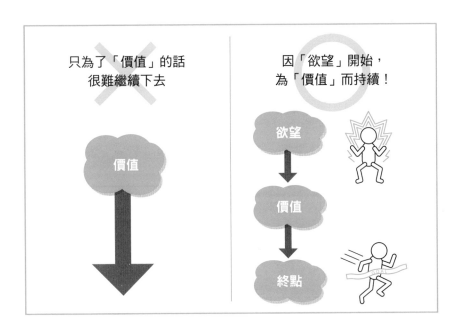

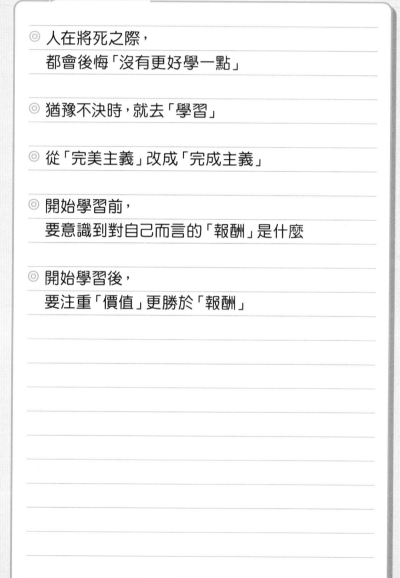

◎ 人在將死之際，
　都會後悔「沒有更好學一點」

◎ 猶豫不決時，就去「學習」

◎ 從「完美主義」改成「完成主義」

◎ 開始學習前，
　要意識到對自己而言的「報酬」是什麼

◎ 開始學習後，
　要注重「價值」更勝於「報酬」

第2章

Plan

訂立學習目標、
安排計畫

✕ 關於學習，「答對的」越多越好

○ 關於學習，發現越多「答錯的」越好

「學習是什麼？」

「人為什麼要學習呢？」

這個問題早在西元前就已經出現了。

對此，你有什麼想法呢？

上學聽講、熟讀課本都是最基本的「學習」，但應該不只是這樣而已。

一九七二年，有人對這個問題提出了決定性的答案：

「生物，只有在事情不如預期時才會學習。」

這是美國學者羅伯特·雷斯科拉（Robert Rescorla）與阿蘭·瓦格納（Alan Wagner）提出的論點。

為什麼人類有學習能力呢？

答案是「為了減少無法預測的事態」。

因為這項能力，所以比起其他物種，人類更能在複雜又變化多端的環境下大幅提高存活率。

若說我們現在之所以能活著，都是多虧了過去的學習經驗，可真是一點都不為過。

接下來才是重點。

我們可以從人類的這項本質推導出更有效率的「三段式學習法」。

階段一：建立假設，預測答案。
階段二：對照實際結果，鎖定錯誤和偏差。
階段三：修正錯誤和偏差。

換言之，**學習法的奧祕，就是「快速且大量發現錯誤」**。

沒有人希望自己的答案被打了一堆「╳」；然而我們必須先認知到「╳」，才能有所學習，知道什麼是「○」。

因此，只要反覆修正錯誤，直到自己預測的答案與解答沒有落差，考試就會合格。

這一點不只適用於考試讀書，也可說是**工作術的奧祕所在**。

不論是頂尖業務員或知名企業經營者，一定都懂得先建立假設。對他們而言，所謂的工作，就是驗證假設的過程。

因此不管是挑戰開拓新領域，或是面對客戶的斥責，他們也絕不退縮——不如說，他們反而樂見這種狀況。

因為這樣才能迅速發現假設裡的錯誤，予以修正。

在開始學習之初，請各位記得，一定要多寫練習題，或是進行模擬體驗。

當然，自己一開始的答案（假設）想必錯誤連連。

但答錯的數量，正代表你今後成長的空間。

當你因為發現錯誤而感到高興時，就可以體會到自己正走在邁向合格與成功的道路上。

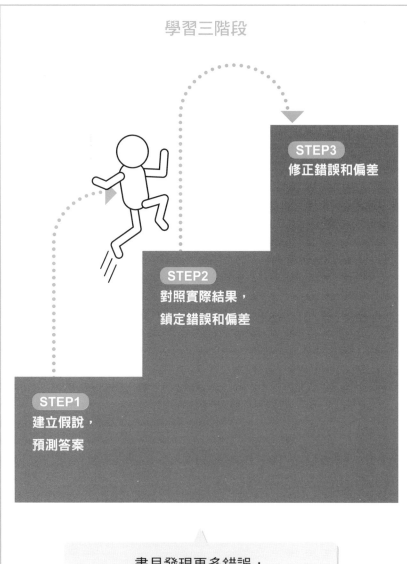

學習三階段

STEP3
修正錯誤和偏差

STEP2
對照實際結果，
鎖定錯誤和偏差

STEP1
建立假說，
預測答案

盡早發現更多錯誤，
才是邁向成功的捷徑！

**✗ 準備考試，
就是「重讀」教材的內容**

**○ 準備考試，
就是練習「回想」教材的內容**

「考試的時候，我的腦袋一片空白！！」

你或許也有過這種經驗。不只是考試，工作上進行產品簡報或成果報告時，也可能出現這種反應。

這是沒辦法的事。人類一旦承受強烈的壓力，血液裡的皮質醇濃度就會升高，使得負責管理大腦記憶的海馬迴受到影響，就不容易想起正確答案。

換言之，「別緊張」其實是個強人所難的建議；而且，我也不建議各位沉迷於和學習無關的心理訓練。

此時我們該做的只有一件事，就是「搜尋練習」。

做法非常簡單。只要「回想記得的內容」就好了。

二〇一六年，美國塔夫茲大學的研究團隊發表了一項很有意思的實驗結果。

這場實驗要求一百二十名受試者記住三十個單字和圖像，並在二十四小時後考試驗收。

考試前，將受試者分成兩組，分別按以下方式來準備：

A 組：單純從頭開始複習（重複學習）。
B 組：進行「盡可能回想」的模擬練習（搜尋練習）。

團隊請受試者在考試前進行即興演講或解答數學習題，好讓他們感受到壓力。

這些安排是為了提高受試者血液中的皮質醇濃度，讓他們的記憶更容易消失、腦子更容易變得一片空白。

實際的考試結果相當有趣。

B 組（進行模擬練習）的成績比 A 組（單純複習）高了約 37%。

「努力回想」才是準備考試的訣竅

為什麼會產生這種結果呢？

事實上，我們的大腦在進行搜尋練習（拚命回想記得的內容）時，會產生明顯的變化。

根據二○一三年美國杜克大學艾瑞克・溫因（Erik Wing）博士的研究指出，進行「搜尋練習」的受試者，大腦中掌管記

憶的海馬迴與其他腦部區域的連結增加了。

也就是說，腦內網絡為了獲得「希望能回想起來」的資訊，變得更加緊密。只要這個網絡做好萬全準備，就算是處於考試當天的緊張狀態下，仍能重現記憶。

換言之，千方百計設法回想起內容的「搜尋練習」，才是真正在為考試用功。

各位聽完後有什麼想法呢？到這邊，應該可以了解準備升學或證照考試前的模擬考有多重要了吧。

在與正式考試相近的難度和時間限制下進行搜尋練習，可以強化我們的大腦迴路。

要是模擬考的分數很差，確實會令人沮喪沒錯。但準備的過程有多艱辛，迎向正式考試的心態就能變得多輕鬆。

進行工作成果發表或簡報前，最好能依正式上臺時的環境及條件，安排一次預演，並在上司或同事面前練習，請他們給予嚴格的指教。

美國一流的當紅喜劇演員克里斯・洛克（Chris Rock）在大規模巡迴演出前，都會先在小型俱樂部裡試演新作，據說次數多達四十至五十次。既然都做了那麼多模擬練習，在巡迴的大舞臺上就不可能結巴，也不會冷場了。

同樣的，身為應考專家的你，也請務必反覆進行搜尋練習。

**✕ 能通過考試的人，
都是「臨陣磨槍」的高手**

**○ 能通過考試的人，
都是「十年磨一劍」**

考試前一晚才熬夜念書，應該是許多人求學時期共同的經驗；即使已經出社會工作，或許三不五時還是會這樣。

不過可惜的是，臨時抱佛腳是對大腦最「不友善」的學習方式。

接下來，將根據最新的腦科學觀點為各位進行解說。

不過以下的內容難度稍高，也可能有點瑣碎，沒耐心的人可以直接跳到第五十三頁，直接看以圖解整理出來的結論。

我們的大腦是個由數百億個神經元（神經細胞）所組成的龐大系統。神經元帶有電位，只要超過一定大小（閾值），就會一口氣大幅上升、將訊號傳送至其他神經元。這種現象就稱為「釋放」。

釋放出來的訊號會以電流的形式，從核心的細胞體（cell

body）透過名為「軸突」的路線來傳送。電流抵達連結其他神經元的突觸後，就會轉換成神經傳導物質，再釋放至其他細胞。接收到訊號的其他細胞也會跟著釋放，同樣向其他細胞傳輸資訊。

這種現象宛如腦細胞之間針對某個話題互相傳遞訊息、彼此交談的感覺。

只要能專心處理特定話題（比方說用功學習），細胞之間的資訊傳輸就會十分順暢。

最後，神經元之間會對這個話題建立緊密的連結，逐漸形成能快速傳輸的記憶網絡。

這就是一件事「做好了」「明白了」「熟練了」的狀態。

另外還有一種重要的細胞，稱為「神經膠質細胞」。神經膠質細胞除了能為神經細胞供給營養，也會協助排除無法正常運作的神經細胞。

神經膠質細胞中，有一種是鞘狀的，從外包覆著軸突——神經細胞的電流通道。這種鞘狀物是由可避免訊號外漏或溢出的絕緣體「髓鞘質」所組成的。

學習不但會使神經膠質細胞增厚，也會使髓鞘質增加，進而能讓神經元釋放出的電流訊號更有效率。

對大腦最友善的學習原則

根據腦細胞的這些功能，我們可以發現對大腦最友善的學習方法。

神經學家哈德利・伯格斯特（Hadley Bergstrom）推薦大家採用的學習方法是：

「一天一點點，盡可能分散學習量。」

這個方法的優點包括：

一、能鞏固神經元之間的連結。

二、能讓神經膠質細胞確實保持絕緣，以防訊號外漏。

另外還有一件很重要的事，就是要「保持充足的睡眠」。

二〇一三年，美國國家衛生研究院團隊利用小白鼠進行實驗，發現睡眠時，大腦細胞之間的電流訊號傳輸方向與清醒時相反。這種現象能讓大腦進行兩項檢查：

一、刪除大腦中明顯不重要的資訊。

二、促使大腦再次學習已遺忘的資訊。

如此一來，早上起床後，當我們再次看到相同的資訊時，就能比以前更快速地建構出正確的記憶網絡。

　　換句話說，我們可以藉由充足的睡眠來檢查記憶，為下一次學習做好準備。

　　從結論來看，「對大腦最友善的學習方法」是：

　　一、一天一點點，盡可能分散學習量。
　　二、保持充足的睡眠。

　　換言之，只要做與「臨陣磨槍」完全相反的事，就是正確的學習方法。

　　「不要臨時抱佛腳！」不只是老師和家長的說教，更是大腦想傳達給我們的重要訊息。

　　請各位務必將這句話聽進去，盡量採取長期作戰，將學習量分散至每一天。

這就是對大腦最友善的學習法！

① 不要短時間密集學習，而是「每天學一點」

學習量

好重⋯

分散！

② 不要熬夜，保有充足的睡眠

Z Z Z ⋯

07

✕ 關於學習時間，
最重要的是「持久」

〇 關於學習時間，
最重要的是「準時開始」

「一天要念多久的書，才能通過考試？」

這是準備入學考試和高難度證照測驗的考生最常提出的問題。尤其是新手，更會在意這件事。

基本上，考試的難度越高，學習要花費的時間就越長。

不論參考書和課程內容再怎麼進化，我們能提升的效率和省下的時間依然有限。

話又說回來了，當人們進入「認真模式」專心念書的時候，根本不會去計算時間；說不定連睡覺時，也會夢到自己正在用功念書。因此，與其想著「要花多久時間才夠」，不如思考該怎麼讓自己盡快進入「認真模式」還有用些。

第一步，就是嚴格遵守每天「開始念書的時間」。

根據加拿大維多利亞大學在二〇一五年的研究指出，**容易養**

成堅定習慣的人，都具有「時間的一貫性」。像是「每天固定早上六點運動」「晚餐後運動」，能設好特定時間的人，多半都能順利養成運動的習慣。

我自己也從三十多年前開始，就分別在早晨和深夜設定好鬧鐘，要求自己遵守開始念書的時間。

對於已經很久不曾學些什麼的人來說，光是要求自己在書桌前坐滿一小時，都會覺得很煎熬吧。

如果你也是這樣的人，不妨先試著從一天（一四四〇分鐘）裡撥出1%（十五分鐘），試著每天在固定時間開始學習。只要養成這個習慣，往後能坐在書桌前的時間就會越來越持久了。

而在未來等著你的，就是清醒時每分每秒都在學習的「認真模式」。

08

✕ 用較長時程安排大致上的學習進度

〇 確實安排每天要完成的學習進度

「每天能念的分量都會不太一樣，總而言之，先用較長的時程大致安排進度就好了。」

老師在指導學生安排進度時，經常會這麼說。

的確，就算是以學習為本的學生，也很難每天都抽出時間念書；社會人士就更不用說了，連下週的預定行程都說不準。

既然如此，就算每天安排詳細的進度表，好像也沒有意義。

事實真的是這樣嗎？

一九八一年，加拿大心理學家亞伯特‧班杜拉（Albert Bandura）所帶領的團隊，針對一項簡單的研究發表了結果。

團隊找來約四十名非常不擅長數學的七到十歲兒童，請他們分七次寫完共四十二頁的數學習題。

並將這群孩子分成三組，分別得到以下指示：

A 組：每次至少寫完六頁習題。

B 組：只要在第七次結束前寫完所有習題就好。

C 組：沒有特別的要求，只要盡可能多寫就好。

在第七次結束後，各組完成的習題比例如下所示。

A 組：74%。

B 組：55%。

C 組：53%。

根據結果所示，完成率最高的，是仔細分配「每日要完成的最低分量」的 A 組。而 B 組和 C 組的結果幾乎沒有差別。

也就是說，安排「大致上的學習進度」所得到的結果，跟毫無計畫幾乎沒有差別。

就算只是單純的平均分配也無妨，請將自己所使用的教材頁數，除以可以念書的天數，算出每天學習的基本量。

只要這麼做，就能帶你一步一腳印地邁向終點。

當然，這一招在工作上也同樣有效。

09

✗ 「熱情」能喚醒你的學習力

○ 「期限」才能喚醒你的學習力

「這樣做，激發你未知的力量。」

這句話怎麼看都很可疑吧，但想必會有人感到好奇。

我從十四歲起就對人類的潛能產生興趣，如今也從事相關的工作。在許多激發潛能的方法之中，我想告訴大家：到底什麼方法才能讓人確實發揮沉睡的力量？

答案是訂定「期限」。

關於「期限」，在二○二○年有一項很有趣的發現。

澳洲南十字星大學助理教授克里斯蒂安‧史旺（Christian Swann）所帶領的團隊發表了一項調查結果：設定期限會讓人更容易進入「化境」（zone）。

「化境」指的是完全專注、忘我的狀態，在這種狀態下，能發揮出比個人極限更高的水準。

不論是運動員、藝術家、上班族，還是考生，這是任何人都

嚮往的境界。

傳統上認為，要進入「化境」，就必須努力達到完全沉浸於其中的「心流」狀態。但這需要非常熟練才辦得到。

根據研究，當重要事項的期限逼近眼前時，所激發出來的拚勁和專注，也是一種進入「化境」的方法。

為了更容易進入這種狀態，專家建議採取以下方法：

「將具體目標放在心上，並釐清完成課題所需要的事物。」

聽起來很理所當然，對吧？但又有多少人能徹底做到這個「理所當然」呢？

話雖如此，要自行安排期限不一定是什麼簡單的事。

這時候，可以拜託指導自己的老師或同伴，一起討論並設定期限。

如果已經安排好詳細的期限，也可以宣稱自己會提前完成。

雖然這樣有點辛苦，但在**訂下期限、斬斷退路的那一瞬間，你未知的能力就會甦醒**。

✕ 學習要在完整且專注的時間內進行，才有效果

○ 學習要利用零碎時間慢慢累積，才有成效

「老是找不到時間念書。」這是所有學習者都有的煩惱。

會面臨這種問題的，不只是有工作在身、有家庭要顧的社會人士，忙於社團和學校活動的學生也不例外。

雖然有心想念書，但平日會被其他事情打斷；假日時，又因為平日累積的疲勞而難以專心，真的很辛苦。也有不少社會人士雖然「想離職好專心備考，但又因為擔心將來而無法踏出第一步」。

請各位放心。

事實上，越沒有「完整的時間」，學習越能有所進展。

美國卡內基美隆大學資訊工程系教授亞歷山卓·阿吉斯（Alessandro Acquisti）和心理學家艾耶·皮爾（Eyal Peer）曾接受《紐約時報》的委託，進行了以下實驗：

將一百三十六名受試者分成三組，進行認知能力測驗。

A 組：專心進行測驗。
B 組和 C 組：事先預告測驗會中途暫停。

實際進行時，B 組和 C 組在途中暫停了兩次，目的是為了妨礙他們專心答題。

這兩組的測驗結果也比 A 組的分數低了 20%。可見專心做事時只要被打斷，就算原本能做好的事，也會變得做不好。

不過，這項實驗還沒結束。

在下一個階段中，和上一次一樣，事先告知 B 組和 C 組，考試會中途暫停。

但實際上暫停的只有 B 組。C 組雖然得知會暫停，但全程都能專心答題，直到測驗結束。

結果 C 組的答對率，竟然比上一次測驗高了約 43%。

這個數字比一開始就能專心作答的 A 組還要高。

為什麼會發生這種事呢？

研究團隊認為，當人們知道自己正在做的事有可能被打斷時，會產生一種期限效果，使專注力大增。

這項實驗的結果告訴我們，活用零碎時間可說是一種很棒的

學習方法。

「美國西部州長大學」（Western Governors University）是一所非營利線上大學，大多數學生只要兩年半就能取得學士學位，而非一般的四年。該校課程導師尼爾・史達（Neil Starr）曾表示：「短時間、多次數的課堂編排，效果比長時間、少次數的更好。」

大家覺得如何呢？

從這項研究可以看出，搭乘大眾運輸上班或上學的這段路程，是最棒的學習時間。雖然到站後必須下車，但不妨把它當成一個完美的暫停預告；而且到站前所經過的這些車站，也可以當成段落分隔的基準。

比方說，抵達下一站之前，要解出一個問題、記住一頁參考書的內容、用手機看完一章講座的影片……

你能在自己的生活中找到多少這種零碎時間呢？你是否已準備好能活用於這些時間的資料和教材？

與其等待不知何時才有的「完整時間」，能抓緊空檔學習的人才是贏家。

好好活用零碎時間！

其他事務	學習時間	其他事務

與其想方設法安排完整的時間…

學習時間	學習時間	學習時間	學習時間	學習時間	學習時間	學習時間	

不如累積零碎時間！

換言之…
搭車上班、上學時最適合念書！

11

✕ 只要學習方法正確，
一開始就能樂在其中

○ 學習方法再怎麼正確，
一開始都會備感艱辛

「完全聽不懂。」

「老是錯同一題。」

「學習成效不穩定。」

這些都是剛開始學習的人會碰到的問題，並因此承受非常大的壓力。於是在不知不覺中想拋開書本偷懶，或想嘗試其他學習方法。

請放心，**會感覺到痛苦，就證明你的學習方式是正確的。**

二〇一三年，以美國康乃爾大學神經科學家納森‧斯普恩格（Nathan Spreng）為首的研究團隊，調查了學習造成的大腦變化。他們分析了在三十八項研究中所拍攝的學習前後腦部影像資料，發現了一個很重要的模式。

每個人剛開始學習時，都會頻頻受挫，接著重新來過。這個過程需要的是一步一腳印的踏實努力。在這個階段，活躍的腦部區域是「背側前扣帶迴皮質」（dorsal anterior cingulate cortex），它的功能是留意並迴避錯誤。

　　但隨著學習的進展，這些區域的活化程度會慢慢下降，讓人就算不特別留意，也能按正確的順序迅速進行。

　　在這個階段，活躍的腦區變成了後扣帶迴皮質（posterior cingulate cortex）和左側頂下小葉（inferior parietal lobule）。這些部位掌管的是發呆時的腦部活動。

　　當這裡變得活躍時，就能在手指靈活動作的同時，想起以前學過的東西，還有餘裕想像接下來的後續。

　　所謂「有天分的人」，可說是能迅速跳脫「費心避錯」狀態的人。

　　所有人都是透過學習來改造自己的大腦。

　　只要不放棄、反覆學習，大腦就會形成新的迴路；就算是一開始覺得艱澀的內容，也會變得輕鬆就能理解。

　　請各位相信這一點，克服學習之初進度遲緩的陣痛期。因為不管是誰，剛開始學習時，都是備感艱辛的。

14

✕ 最後再寫習題

○ 一開始就先寫習題

「什麼時候才要寫習題呢？」

聽到這個問題，應該有許多人都會回答「大致了解這個章節的內容後再寫」吧。

不過，我強烈建議大家「一開始就先寫習題」。

一般來說，這樣只會寫出沒抓到重點的答案，好像沒有意義。但意義就在這個「沒抓到重點」。

二○○九年，心理學家琳賽・里奇蘭（Lindsey Engle Richland）的研究團隊發表了一份劃時代的研究報告。

團隊讓七十六名學生閱讀一篇關於色盲的醫學短文，並以填充題測試他們對文章的理解程度。受試者分成以下兩組：

A 組：在開始閱讀文章前兩分鐘，先寫最後要做的測驗。

B 組：未進行事前測驗，且閱讀文章的時間比 A 組多兩分鐘。

果不其然，A 組的事前測驗只能說「非常慘烈」，平均答題正確率只有 6%。

但正式測驗的結果卻令人大吃一驚。

事前測驗表現奇差無比的 A 組，正式測驗的答題正確率卻比能多讀文章兩分鐘的 B 組高了約 30%。

這種一開始先做測驗的效果，稱為「前測效應」（pretest effect）。

事先解答問題，可以讓人在內心建立起對教材的假設，也就是對「這裡是怎麼一回事？」的猜想。接著**專心學習該部分，強化學習成效。**

這麼做，會比單純延長研讀內容的時間更有效果。因此，研究團隊建議：

「希望所有學習者都能有意識地先進行事前測驗。」

如果手邊正好有考古題，或教材每章最後都附有練習題的話，不妨一開始就試著寫寫看，並且**盡情地答錯。**

你錯得有多離譜，能提升的吸收力就有多高。

✖ 完全相信谷底翻身的「成功經驗談」

⭕ 「成功經驗談」通常有兩項限制

　　你是否看過「上榜經驗談」之類的文章？我相信應該很多人都讀過吧。

　　「吊車尾逆轉考上××大學！」

　　「〇個月成功考取！」

　　這類故事總是能打動人心，讓人湧現「我也要加油！」的幹勁。

　　當然，學習前人的經驗非常重要。但根據我在充斥著成功典範的勵志圈工作的經驗，**絕對不能百分之百相信這些成功故事。**

　　因為這其中隱含著兩項限制。

　　限制一：當事人常會忘記當時的感受，而將過程描述得過分簡單。

俗話說「好了傷疤忘了疼」。不論過去曾經歷多痛苦的事，只要現在不是置身於谷底，就不會想起那種感受曾如何影響自己的行動，而導致這種現象的發生：

二○一五年，美國賓州大學教授瑪麗杭特・麥克唐納（Mary-Hunter McDonnell）的團隊進行了一項研究。

他們請一群失業中的人，和一群曾經失業、但現已回歸職場的人閱讀一則故事。

那是關於一個窮到沒辦法而從事非法勾當的失業者故事。

讀完後，再讓他們填寫一份對故事主角印象的問卷，得出了十分有趣的結果。

關於從失業低潮中恢復的難度，與失業中的人相比，已成功擺脫失業狀態的人多半認為很簡單，沒有什麼困難的，無法與故事中的主角產生共鳴。

一般來說，成功克服困境的人應該更能感同身受才對。但事實上正好相反。他們往往認為「連我都能輕易做到了，你當然也可以」。

某些成功經驗談的當事人之所以會露出「顯擺」的態度，就是這個緣故。

限制二：過程被塑造成「奇蹟式翻轉」的模式。

一九九五年，美國知名作家馮內果（Kurt Vonnegut）在自己的演講中公開了一項研究成果。

他用圓餅圖標示出各種故事模式，並對興致勃勃聆聽的觀眾提出一項假說：

「所有故事都有個修飾得優美流暢的套路（模式）。」

這項假說在二〇一六年獲得美國佛蒙特大學研究團隊的證實。他們選出一千七百篇熱門的英國文學小說，擷取了文本中所描述的樂觀與悲觀情緒，並分析其中的脈絡變化。

結果，他們發現了幾種能打動讀者的敘事模式。

其中，最受歡迎的模式是「谷底男主角」。

主角雖然一度身陷絕境，但終於漂亮地扭轉局勢——這是戲劇和漫畫裡大家最熟悉的「奇蹟式翻轉」。

問題在於，這種敘事模式也會被人用來陳述事實。

這樣做確實比較容易編輯故事，讀者也能樂在其中。但這麼做無異於操控印象，有誤導之嫌。

日本知名的教育型YouTuber小林尚老師，就曾針對這種現象

提出警示：

「大多數成功上榜的人，本來就不是吊車尾的，而是都能在模擬考中拿到好成績、最終通過他們理應會考上的考試。」

一、有成功經驗的人，常常會忘記自己苦讀時的感受，反倒將過程描述得很簡單。

二、上榜經驗談經常被塑造成「奇蹟式翻轉」的敘事模式。

只要各位明白上述這兩項限制，就會知道，所謂的「成功經驗談」其實僅供參考。

除了聽別人的故事，也應該多聽聽長年客觀分析試題的各補習班及學校的觀點，這樣才能得到更適用的學習資訊。

除此之外，如果大家也能參考如本書這樣的學習理論書，就更是如虎添翼了。

第2章重點

◎ 在剛開始學習的階段裡，要盡早且盡量答錯

◎ 拚命回想已經記住的東西才重要

◎ 每天學一點，盡可能分散學習量

◎ 保持充足的睡眠

◎ 每天嚴格遵守「開始念書的時間」

◎ 分配「每天最基本的學習量」

◎ 設定期限，會更容易進入「化境」

◎ 活用零碎時間來學習

◎ 每個人剛開始學習時都很辛苦

◎ 運用「前測效應」

◎ 理智看待「成功經驗談」

不論幾歲都有效！一生受用的輸入學習法

**✕ 考試時派得上用場的記憶術，
需要花時間去學**

**○ 考試時派得上用場的記憶術，
只要兩句話就能清楚說明**

「請教我更直接有效的方法，好準備考試。」

我想這應該是本書讀者最深切的願望吧。

證照或升學考試的筆試準備法，與為了增進修養的學習截然不同，必須熟讀指定教材，並在考試當天寫出正確答案。

考試的難度越高，越需要挑戰不同角度的應用題，光是死背，終究是無法應付的。

而且無論什麼考試，都有嚴格的時間限制。為了順利寫完考卷，必須做好隨時隨地都能輸出正確知識的準備。

因此，「（考試）記憶術」在潛力開發的相關領域裡，永遠都是最熱門的。

我曾在大型證照考試補習班裡教考生記憶術，嘗試過各種記憶法，也因此明白了一件事：**夠簡單，才有意義**。畢竟沒有哪個考生有辦法為了學習記憶術而安排額外的時間。

不過大家放心，我要教的「終極記憶術」只有兩句話：

先讀一遍想記住的內容，然後默寫在紙上。

最後對照內容。

這兩句話也可稱為「回想練習」。

是否有種「好像不太夠用」的感覺？但真的，只要這樣就夠了。二〇一一年，美國普渡大學教授傑佛瑞・卡匹克（Jeffrey Karpicke）的團隊，發表了一項關於這方面的重大研究結果。

他們讓受試者花五分鐘閱讀關於海獺的文章，一週後再考他們這篇文章的內容。考題不只是單純地確認文章內容，還包括了推論題，以測試他們的理解程度。在考試前，受試者被分成四組，以不同的方式準備考試：

A 組：不做任何複習。

B 組：重新閱讀文章四次。

C 組：重讀文章一次後，學習如何將文章繪製成圖解的「概念圖」，並親手畫出文章的內容。

D 組：花十分鐘默寫自己記得的內容後，再花五分鐘重讀文章。就這樣重複兩次——也就是進行「回想練習」。

受試者預測自己一個星期後記憶量的結果，最有自信的是 B 組（反覆閱讀），最沒有自信的是 D 組（自己進行回想練

習），但實驗結果卻恰恰相反。

D組（自己進行回想練習）的成績比其他組別都好。

前面提過，一個星期後的考試並不只是單純記住文章內容就好，還會測驗理解的程度。

也就是說，「回想練習」可以累積長久、大量且正確深入的知識。

有趣的是，與看似對文章有完整系統性理解的 C 組（自己畫概念圖）相比，D 組的分數比 C 組高了 50%。

為什麼會這樣呢？

乍看之下，「回想練習」只是單純輸出知識而已。但實際上，這個過程是在「重新建構知識」。畢竟是要寫在紙上的，不清不楚的知識根本無法編寫成文字。因此，這種做法能在腦中快速整理記憶、進行可精準輸出的分類作業。

「先讀一遍想要記住的內容，然後默寫在紙上。最後對照內容。」

就是這短短兩句話，人人都適用的超簡單方法。

然而它也是能提升對內容的理解程度、建立長久記憶的最強方法。任何考試都能派上用場。

大量累積正確且深入知識的方法

規則

參加者花5分鐘閱讀關於海獺的文章，1週後進行關於內容的測驗。

規則

測驗開始前，分成以下4組進行準備

A組

不做任何複習

B組

重新閱讀文章4次

C組

重讀文章1次後，畫出「概念圖」

D組

回想練習
（花10分鐘默寫記得的內容
→花5分鐘重讀文章×2）

結果

D組參加者的成績最好，比C組的分數要高了約50%
→「回想練習」是最強的方法！

15

✕ 記不住內容，
多抄幾次就記得了

○ 記不住內容，
就靠手繪插圖來記

「用手抄的方式來默背。」

求學時期，應該很多人都聽過這種做法吧。我也曾全神貫注
地抄寫英文單字，甚至寫乾了好幾枝原子筆。

當然，這種方法對某些人來說很有效。

但是對人類而言，有種東西比文字更容易記住。

從記住的那瞬間開始，記憶就會逐漸淡化。

如果要想起曾記住的內容，就需要重新記憶（重複學習）。

但早在很久以前某個與記憶相關的研究中，就已經確定人類
會發生一種「即使不重複學習，也會莫名想起」的追憶現象。

一九八七年，美國教育家大衛‧裴恩（David G. Peyne）針
對這個現象，提出了「超憶症」（hyperthymesia）的概念。

根據這項概念，人類具備一種只要接觸能刺激想像力的事
物，不須外在的強制力量，就會自動記憶（儲存）、想起（搜

尋）的學習功能。

那麼，具體上該怎麼做，才能刺激想像力呢？

裴恩建議透過「視覺影像」的力量。

也就是圖畫、照片或影像化的詞語。

不斷接觸這類影像，最有助於增強記憶。

一九七八年，紐約市立大學的馬修·艾德利（Matthew Erdelyi）和傑夫·克萊恩巴德（Jeff Kleinbard）進行了一項令人驚異的實驗，證明了這項觀點。

首先，他們讓受試者記住六十張素描畫。

圖畫的內容是靴子、椅子、電視等生活常見的物品，在螢幕上以每五秒鐘一張的速度切換圖片，請受試者記住這些畫。

看完後，受試者必須在七分鐘內盡量用文字寫出自己記得的物品，而平均答對的數量是二十七個。

沒想到，這裡發生了一個有趣的現象。

隨著時間經過，答題正確率竟然上升了。

受試者在十小時後再進行同一項測驗，答對的數量是三十二個。一天後再做測驗，答對的數量是三十四個。

而在第四天（一百一十個小時後），答對的數量來到最高的

三十八個。答對數量增加至第一次測驗的一‧四倍。

研究團隊再做了一次相同的實驗，這次把內容換成單字。

第二回合實驗中，第一次測驗的答對數量平均也是二十七個。但後續的變化卻與先前使用圖片時不同。

十小時後再做測驗，答對數上升到三十個，但之後就再也沒有增加了。第四天的答對數量只有二十九個。

由此可見，圖片驅動大腦搜尋功能的作用，比文字強了五‧七倍，能以更不費力的方式輕易留在長期記憶裡。

以手繪插圖幫助記憶，就算畫得不好也沒關係

按照這個觀點，我們該怎麼做才好呢？

答案是在閱讀純文字的教材書籍以前，先看圖解式入門書或相關知識的漫畫。

用這種方式在腦中輸入圖畫或照片的印象，做為日後記憶的素材；如果學校有提供圖像式的補充教材，也可以善加利用。此外，現在只要上網搜尋，就能輕易看到符合關鍵字的圖片或YouTube 影片。

在藉由文字學習前，盡可能先看過符合該內容的影像素材。

當然，這種方法還是有極限。因此接下來建議大家嘗試的，是自己動手將想記住的事項畫成圖。

就算手拙也沒關係，隨便畫一畫就可以了；即便只是將有關的單字用圈圈框起來，或是畫出箭頭，也能算是手繪圖。

有項十分出色的研究證明了繪圖的效果。

這是二〇一八年由加拿大滑鐵盧大學的研究團隊進行的實驗。

團隊請十三名患有失智症的老人進行記憶力挑戰。研究人員將他們分成兩組，記住研究人員朗讀的六十個單字。

A 組：用文字把自己聽到的字寫下來。

B 組：用圖畫來表現自己對單字的印象。

在這之後，會進行測驗，受試者必須判斷題目是否為剛剛朗讀過的單字。

結果，正確率較高的是畫圖的 B 組。

雖說是畫圖，但不過是花大約四秒鐘時間隨手塗鴉而已。儘管如此，在幫助記憶方面，畫圖的效果仍比寫字筆記更出色。

為什麼會這樣呢？各位只要實際將詞語的內容畫成圖，就會明白了。

將詞語畫成圖像時，需要瞬間掌握它的意思和特徵，另外，實際繪製時，需要手部做出動作，畫出來的圖也必須具備視覺辨識度。

換言之，畫圖幾乎可說是一項「全身運動」，也因此能充分刺激大腦。

需要記住某項知識時，不妨提筆畫出腦中浮現的影像。

自己畫出來的圖，將讓你留下更鮮明的印象，往後也更容易想起。

藉圖像的力量來記憶吧

只有文字的參考書

字好多！

光靠文字，
很難完全記住⋯

有圖像或圖解式參考書

圖像
更有助於記憶！

\ 而且！/

做筆記時，不要只是寫字，
也要畫圖幫助記憶！

16

✕ 想透過語音學習時，
使用專家錄製的教材

〇 想透過語音學習時，
要自己朗讀出來

「『聽』比『看』更容易記住。」

許多人應該都是這麼想的吧。

直到現在，由講師或專業配音員錄製的有聲教材仍非常盛
行。在那個還有錄音帶的年代，我也用過語音教材。

聽覺學習確實非常有效。不過如果想徹底記住某項知識，那
麼我建議各位再多用一招。

二〇一八年，加拿大滑鐵盧大學研究團隊進行了一項相當有
趣的實驗。

他們請七十五名受試者開口朗讀一百六十個單字，錄製成試
音帶。

兩個星期後，受試者分別按照以下四種方法來背誦其中的一
半，也就是八十個單字。

方法一：開口朗讀。

方法二：聽自己朗讀的錄音。

方法三：聽別人朗讀的錄音。

方法四：在心中默念。

之後進行測驗，答對最多的組別依序為：

第一名：方法一・開口朗讀。

第二名：方法二・聽自己朗讀的錄音。

第三名：方法三・聽別人朗讀的錄音。

第四名：方法四・在心中默念。

換言之，「自己朗讀」最能提高記憶力，也就是所謂的「生產效應」（production effect）。

為什麼會發生這種現象？

簡單來說，是因為輸出記憶時的「連結」變多。

朗讀可分成以下三項要素：

一、實際開口發聲的「運動」要素。

二、聽見自己聲音的「聽覺」要素。

三、將內心所想表達出來並確認的「自我參照」要素。

但默念卻不包含以上任何一項要素。

最重要的是，聽著自己當場念出來的聲音（而非播音員或老師的聲音），能有效加強這些連結。

大家可能有類似的經驗：將自己的聲音錄下來，再播放出來時，會覺得有點怪，好像不太像自己。但正是這種感覺，才能帶來獨特的衝擊感，並有機會轉化成為記憶輸出的強大線索。

請大家務必將文本內容朗讀出來，也很推薦各位把朗讀當成學習開始前的引導。

17

**✕ 說明得越詳細，
就能記得越多**

**○ 越了解背景故事，
就能記得越多**

　　各位身邊是否也有喜歡歷史的人，甚至喜歡到話匣子一打開，就停不下來的程度？

　　這種人沉迷於歷史的契機，許多是來自於漫畫、遊戲或小說之類的娛樂消遣；因為課本才愛上歷史的，我想應該很少。

　　那麼，這些漫畫、遊戲、小說裡有，課本中卻沒有的東西，究竟是什麼呢？

　　那就是「**故事性**」。

　　娛樂的重點，就在於能引起人們強烈共鳴的戲劇性。

　　或許會有人覺得，「課本就是用來提高考試成績的，講故事什麼的，未免太多餘了。」

　　但實際情況又是如何呢？

　　二〇一二年，美國加州大學聖塔芭芭拉分校助理教授黛安

娜‧阿里亞（Diana Arya）團隊，發表了一份很有意思的研究報告。

　　團隊將一百九十二名中學生分成兩組，調查他們對科學教材內容的理解程度變化。

　　A 組：用「一般教科書式的說明文字」學習。
　　B 組：用「以故事形式描述科學發現過程的教材」學習。

　　比方說，A 組的教材只會用一行字說明「**放射性元素的放射性強度不會改變**」，但 B 組的教材描述了整個發現的過程，將同樣的內容寫成「如同真正的科學家，瑪麗和皮耶爾用不同的溫度加熱瀝青鈾礦，或是加入各種酸類，來確認會發生什麼反應。結果，他們發現無論怎麼做，**放射性元素的放射性都不會產生變化**」。

　　所有受試者分別在學習後數分鐘內及一個星期後進行測驗。
　　這項測驗不只有單純的是非題，也包含了確認學生是否深入理解所有內容的題目。
　　結果，使用故事教材的 B 組拿了高分，尤其是在一個星期後的測驗結果，這種現象更加顯著。

　　為什麼會這樣呢？研究團隊的解釋如下：

「故事能讓讀者與文本內容建立個人化的連結，使讀者提高對概念性內容的興趣。」

也就是說，只要提高對教材的興趣，就能加深理解、留下印象，往後也更容易回想。

美國認知科學家丹尼爾‧威靈漢（Daniel T. Willingham）對此做了個比喻：對大腦而言，故事是有「特權」的。

「故事」比其他任何資訊都還更能吸引人。

不論學什麼，都請各位務必閱讀描述發現或創造該事物的故事。

只要在維基百科或 YouTube 裡搜尋，相信都能找到許多相關的資訊。

只要借用「故事」的力量，就能更輕易熟記看似了無生氣的定理和法則。

18

✕ 記憶量會隨花費時間而增加

○ 記憶量會隨體感時間而增加

「想盡快記住書中的內容。」

誰不希望這樣呢？

只要肯花時間，能記住的知識量一定會增加。但不想花太多時間的時候，該怎麼做才好呢？

答案是：不要在意客觀的時間，只要增加自己的**體感時間**就可以了。

從一九二〇年代開始，心理學界便開始研究個人主觀的時間感。隨著時間過去，到了二〇一七年，英國曼徹斯特大學的心理學講師路克・瓊斯（Luke A. Jones）所帶領的團隊終於發表了一份劃時代的研究報告。

研究團隊在二十位受試者中選出幾位，請他們在五秒內反覆聆聽頻率為五赫茲的「喀嚓」聲。

接著，再請所有人盡可能記住瞬間投影在螢幕上的文字。

結果，聽了喀嚓聲的受試者所記得的文字數量，比沒聽的受試者多了大約 4%。

為什麼會發生這種事呢？

其實特意去聽喀嚓聲，可以使受試者主觀感受到的「體感時間」變長，使得大腦的訊息處理得以更深入，結果就是有助於記憶力提升。

若要將這個方法應用於日常生活中，可以在需要背誦內容時，使用開始和結束都會發出聲響的碼表來計時。

學習者可以透過這種刻意安排的時間段落，讓自己主觀意識到「時間」的存在；如此一來，就能增強在時限內對處理事項的記憶力。

這種方法立刻就能派上用場，請大家務必試試看。

19

✕ 背書，就要專心地一口氣背完

○ 背書，過程中要好好睡一覺

俗話說「熟能生巧」。

不論再怎麼出色的教材，都需要反覆閱讀，才能輸入自己的腦袋。而這個反覆閱讀的過程就稱為「重複學習」。

透過不斷重複「學習、遺忘、再次記憶」的過程，就能逐漸學會隨時都能輸出的知識和技能。

「重複學習」雖然是無法省略的環節，不過，還是有減少重複次數的訣竅。

這裡要介紹的是我非常推薦的技巧。

二〇一六年，法國里昂大學的心理學家史蒂芬妮‧馬薩（Stéphanie Mazza）發表了一份了不起的研究報告。

研究中，她請四十名受試者記住十六個斯瓦希里語單字的法語翻譯。

受試者分成兩組，分別在不同的時段學習這些單字。

Ａ組：學習時間為早上九點，並在當天晚上九點複習。

Ｂ組：學習時間為晚上九點，**經過充足的睡眠後**，隔天早上
九點再複習。

複習的間隔都是十二小時。受試者需要不斷重複背誦，直到
能完全記住為止。

在第一次學習時，兩組能記住的單字量沒什麼差別。但是在
十二小時後的複習時間裡，**有充足睡眠的Ｂ組，記住單字的
速度比Ａ組快了約27%**。

接著，受試者又分別在一個星期後與六個月後接受測驗。中
間的時間跨距相當大，而兩組的測驗結果分別如下：

・一週後記住的單字量

Ａ組（無睡眠）：一一・二五。

Ｂ組（中間有睡眠）：一五・二〇。

・六個月後記住的單字量

Ａ組（無睡眠）：三・三五。

Ｂ組（中間有睡眠）：八・六七。

由此可見，**先睡覺再複習的Ｂ組，即使過了六個月，依然
能保持很高的記憶力**。此外，Ｂ組在一週後仍記得的單字，有

56% 在六個月後依然能回想起來。

另一方面，A 組（無睡眠）在六個月後，還記得的單字只剩 30%，大約只有 B 組的一半。

關於記憶法的學習，有個詞語叫「間隔效應」（spacing effect）。意思是，比起連續的填鴨式記憶，不如設置間隔，隔一段時間後再繼續學，才能讓記憶更加鞏固。

從這項研究還可以看出，在兩次學習之間安排睡眠，有助於保持驚人的長期記憶。

清醒時，人類會被迫接觸各式各樣的資訊，但睡眠可以被動保護記憶，以免它衰退或受到干涉。不僅如此，睡眠還會主動鞏固在第一次學習時仍無法完整記住的內容。

因此，我建議大家採取以下兩種學習方式：

一、晚上就寢前背誦，隔天早上起床後立刻複習。
二、先背好要記住的東西，小睡片刻後再背一次。

我本身也在實踐這種高效率的記憶方法。

如果你是那種晚上會滑手機滑到睡著，醒來後又馬上拿起手機檢查訊息的人，可以把這段時間挪出一點，用來記憶需要背誦的項目，如此一來，你的知識輸入量想必會有驚人的進展。

在學習時間裡安排睡眠

A	學習	活動	複習

B	學習	睡眠	複習

B組在6個月後依然保有高度記憶力！

建議採用這2種學習方式

① 晚上就寢前背誦，
隔天早上起床後立刻複習

② 先背好要記住的東西，
接著小睡片刻，醒來後再背一次

20

✕ 精簡需要背誦的項目，才會比較省事

○ 增加記憶之間的關連，才會比較省事

你能輕鬆說出自己的手機號碼嗎？相信大家都可以吧。

說實在的，可以牢記十個數字、隨時都能說出口，是一件很厲害的事；當然，也因為這是與自己關連性很強的資訊，所以才記得住。

我們之所以能牢記這串數字，其實還有另一個原因，就是我們用「連字號」為數字分段，把它分成「四碼—三碼—三碼」的「組塊」。像這樣分成了「組塊」後，人們就能輕鬆記住，輕易想起。

認知心理學稱這種需要記住的「組塊」為「意元集組」（chunking）。

我們每次接觸資訊時，都會增加「意元」（chunk，短期記憶中暫時能貯存的資料單元或意義單元）；按照相關的概念整理歸類後，就稱為「意元集組」。

「意元集組」的概念，首度出現在美國神經科學家喬治・米

勒（George Miller）於一九五六年發表的一篇論文中。

米勒提出一項假設：我們能暫時記憶的項目數量為「七±二」個，也就是五到九個。

你可以記住幾個呢？在不能寫筆記、只能靠腦袋記的情況下，能記住的數量差不多就是這樣吧。

關於這個極限值，至今仍眾說紛紜。不過重點還在後面。

米勒認為，既然我們可以記憶的單位數量有限，那麼是不是能為每一個單位賦予最大程度的意義？這就是「意元集組」概念的起點。

這邊舉個例子。

大家都學過「SMILE」這個字。由五個字母組成的它，可以連結的事物最多數量就是五項。

接下來，試著為這五個訊息單位賦予最大意義吧！當它與正向思考的五項法則結合起來時，就變成了：

Sleep（睡得飽）、Memory（回憶愉快經驗）、Interest（對事物保持興趣）、Love（多愛自己）和 Exercise（多運動）。

於是，我們只要記住「正向思考就是SMILE」，就能自然帶出這五項正向思考法則的記憶了。

第3章　Do　不論幾歲都有效！一生受用的輸入學習法

這個方法也稱為「諧音記憶法」或「首字縮寫法」。

雖然這種方法看起來很不正經，但米勒似乎對自己的想法很有自信，還稱之為「思考過程」的生命線。

在後續的研究當中，確定了「意元集組」的三項功用：

一、做為需要記住更多資訊時的「立足點」。

二、做為回想記憶時的「契機」（導火線）。

三、增加一次可處理的資訊量。

不過，「意元集組」並不是很艱深的方法；事實上，人類從小就懂得這樣處理資訊。

知名人工智慧研究者艾倫・紐厄爾（Allen Newell）曾提到，我們能組成意元集組的數量，會隨學習速度等比例增加；而處理課題的速度，也會隨著這個數量等比例提高。

其中最明顯的就是「語言學習」。

根據心理學家蓋瑞・瓊斯（Gary Jones）表示，四到五歲的兒童在詞彙使用的能力上，之所以比兩到三歲的小孩好很多，是因為他們組成「意元集組」的能力會隨著年紀而增長，使他們更能記住從父母等人口中聽到的詞彙。

而這項機制，也可活用於第二外語的學習。

二〇一六年，中國青島科技大學教授徐方，找來一百一十二

位在國中畢業後就不曾學習英文的學生，讓他們上了英文課。

而在課程後期，他教其中一半的學生使用意元集組來記憶，指導內容也包括了聽力和口說。

這群學生最後都要進行綜合性的期末測驗。

結果，在長文閱讀、聽力、字彙、作文等項目領域中，受過意元集組指導的學生，成績都比未受指導的學生要高。受過指導的學生的總成績，也比未受指導的學生高了約 14%。

由此可見，「意元集組」的技巧在語言學習上也非常實用。

組成「意元集組」的方法

那麼，具體上來說，該怎麼組成意元集組呢？

最常見的方式，就是前面提到的運用「諧音」和「首字母縮寫」。

比方說，怎麼記住美國五大湖？

我們可以用「HOMES」這個字，它分別代表了休倫湖（Huron）、安大略湖（Ontario）、密西根湖（Michigan）、伊利湖（Erie）和蘇必略湖（Superior）。

遇有需要記住的資訊時，也可以像這樣，試著自創諧音雙關

語，會讓學習變得更有趣。雖說有時候可能會湊出很拗口的諧音，但這種有點硬湊的雙關語，反而更令人印象深刻。

這裡再推薦大家另一種方法。

學習新資訊時，如果我們覺得那項資訊很耳熟，最好能將它與自己以前學過的知識分類建立緊密的連結。

因此，面對新的知識、準備背誦之前，可以先問問自己：

「它和我以前學過的東西有什麼關連？」

如此一來，你的大腦裡就會形成記憶的連結，更容易鞏固知識。

我自己也透過這個方法，用最少的努力記住需要的知識；就算是對外演講或發表時，也能像聯想遊戲一樣流暢地輸出。

請各位務必活用這項人人都有的「意元集組」能力。

21

✕ 人們容易記住「條理分明的內容」

○ 人們容易記住「亂七八糟的內容」

「我的筆記都整理得很漂亮，成績卻差強人意。」

「我都用歸納得很仔細又好懂的參考書，卻沒辦法全部記住。」

你可能也有過類似的經驗。實在很讓人受不了對吧。

接下來，就要為各位揭開這種神奇現象的謎底。

二〇〇八年，美國心理學家羅伯特‧畢約克（Robert Bjork）博士發表了一項超乎想像的研究結果。

他讓一百二十名受試者觀看由十二位畫家繪製的多幅畫作，接著再做記憶力測驗，看他們能記得幾幅畫。這時，將受試者分成兩組，以不同的方式觀看畫作。

A 組：觀看依作畫者分類、**整理好**的作品。

B 組：觀看不依作畫者分類、**隨機排列**的作品。

結果，觀看「隨機排列」畫作的B組，反而能更正確記住看過的作品。

為什麼會這樣呢？

畢約克博士認為，將要學習的各種東西混在一起，能讓學習者試圖分辨其中的共同點和差異。這種做法會比單純只看同一類的東西，更能深入理解要學習的事物。

話說回來，現實世界非常複雜，許多五花八門的要素全都混雜在一起。意思是說，我們的大腦是為了解決「亂七八糟」的綜合問題、應用問題，才會變得如此發達。

因此，我們在學習過程中，也應該刻意安排「亂七八糟」的部分。

比方說，不要一天只念一科，而是每天都念個幾科，過一段時間就換下一科，最後再用筆記本整理出自己在所有科目裡弄錯的部分。

再怎麼說，參考書或影音教材在本質上仍是商品，無論如何都會整理得條理分明，所以請大家盡量動手混合自己的學習內容吧。

建議使用「混合學習法」

第1天　國文
第2天　英文　　　每天只念1科
第3天　歷史

↓

第1天　國文＋英文＋歷史＋地理…

念一段時間就更換科目，
1天學習多個科目

 進階

將所有科目中弄錯的部分
整理成一本筆記！

22

**✕ 隨著年紀增長，
記憶力難免會衰退**

**○ 即使年紀增長，
大腦依然可以升級**

「上了年紀後，記性會變差」「上了年紀後，腦袋就不靈活了」，這是大家都深信不疑的常識。

不過這裡要介紹一項令人意外的研究。

這是二〇一一年美國塔夫茲大學所做的研究。

團隊找來一群年輕人（平均年齡為十八歲）和老年人（平均年齡為六十九歲），請他們挑戰記住只看過一次的單字。

這時，團隊會事先向部分受試者說明「人上了年紀後，記憶力會衰退」之類的觀念。

而這句話的影響力超乎預料。

未聽到這句話的受試者，在測驗的答對題數上，年輕人和老年人幾乎沒有差異。

但聽到這句話的受試者中，老年人答錯的題數是年輕人的一‧三六倍。

由此可知「成見」有多可怕。

被灌輸了「年齡增長會導致記憶力衰退」觀念的老年人因此失去了自信,在無意中壓抑了自己的記憶力。

那麼,完全不理睬「上了年紀後,記性會變差」這種說法的老年人,大腦裡究竟發生了什麼事?

事實上,他們具有比年輕人更能靈巧活用大腦的潛力。

二〇〇二年,美國杜克大學教授暨認知科學家羅伯托・卡貝薩(Roberto Cabeza)發表了一份具有衝擊性的研究報告。

受試者依實驗前進行的測驗成績分成三組:

A 組:二十至三十五歲的年輕人。

B 組:成績較高的六十四至七十八歲老年人。

C 組:成績普通的六十三至七十四歲老年人。

分組後,再進行記憶力測驗,了解他們回想事物的能力。

研究者關注的是大腦裡稱為「前額葉皮質」的部分。這個部分是調節人們行動、計畫、人格與社會認知的重要部分。

有趣的還在後面。事前測驗中成績較高的 B 組受試者,其左右腦的前額葉皮質很平均地獲得了活化。

當我們回想一件事時,腦中會進行兩種過程,一種是「生成」。搜尋有可能成為目標的資訊;另一種則是從搜尋結果中

選擇訊息的「認知」。而左側前額葉負責的是「生成」，右側前額葉則負責「認知」。

A 組的年輕人和 C 組成績普通的老年人，活化的部分都只有右側前額葉，所以是靠最後選擇資訊的能力來一較高下。

但 B 組的老年人因為左右腦前額葉均獲得活化的緣故，所以只要改變一開始搜尋基礎資訊的方式，就能有效記憶。可見他們靈活運用大腦的程度。

研究團隊更表示：

「能力較高的老年人，可藉由重新建構大腦功能，來克服年齡增長造成的神經衰退。」

就算年紀漸增長，我們還是能設法升級自己的大腦。腦科學實驗告訴我們的這項事實，想必能為許多人帶來希望。

這時最大的阻礙，就是開頭提到的「成見」。

當然，人類的生理機能難免會隨著年紀增長而衰退，但相對的，也具備了豐富「閱歷」。當你聽到「畢竟年紀大了」這種話的時候，或許可以轉換一下觀點：

「有些事，就是因為年紀大了才能做。」

持續學習、不斷更新大腦，這才是真正意義上的年輕。

23

✕ 只有年輕人才能提升記憶力

◯ 在高齡化社會裡，記憶力訓練是日常必備

提到記憶力訓練，很多人會想到用來提升考試成績等「年輕人用」的訓練法。但記憶是人類的認知中樞，有過去的記憶，才能以此為基礎學習新知，進而計畫未來。

換句話說，提升記憶力是一輩子都需要做的。

這裡要跟各位介紹「一輩子都派得上用場的記憶力訓練」。

英國卡迪夫大學（Cardiff University）醫學系研究員史塔夫羅斯・狄米崔亞迪斯（Stavros Dimitriadis）博士所領導的團隊，在二〇一六年發表了一份令人振奮的研究報告。

這項實驗邀請一百五十八位有輕度認知障礙的長者，在十個星期內，每天花九十分鐘進行記憶力訓練。

研究團隊關注的是這些患者休息時的腦內網絡狀況。如果這裡發生問題，不論是長期、短期記憶或反應速度都會下降。

在為期十週的訓練後，再重新測試他們的腦部狀態，結果有了驚人的發現。

第3章　Do　不論幾歲都有效！一生受用的輸入學習法

這些長者腦中掌管思考和感覺的「額葉」「顳葉」「頂葉」部位的結合程度提高了。

換言之，腦神經功能有了明顯的改善。

人類的平均壽命逐漸拉長雖是值得慶賀的事，但反過來看，這也意味著所有人都必須預防認知能力衰退。

因此，最好能像以前念小學時做「國民健康操」那樣，把記憶力訓練當成每天的例行活動。

具體來說，該怎麼做才好呢？

當我們想稍微記個東西時，可以單純地開口覆誦。但如果希望幾天後、幾年後仍能隨時想起來的話，就要多費心思。

這裡的「心思」就是記憶力訓練。

乍聽之下好像很難。

不過，它的重點在於「將需要記住的新知識，與既有的知識結合」。

比方說，用自己知道的語句或知識重新描述需要記住的東西，或是改用圖像來表達，再用自己已知的類似事物將它們整理成群組。

請各位試著挪出一小段時間，把記憶力訓練當成健康操來做，大腦功能一定能在不知不覺間逐步改善。

✕ 用手機或電腦來記筆記

○ 手寫筆記效果最好

用手機的記事本功能來做筆記的人越來越多，大學生直接帶筆電上課也早就不是什麼稀奇的事了。

確實，用手機或電腦記筆記的速度不但比手寫更快，還有選字和慣用詞的功能，使得內容不至於出錯。

但我想請各位聽聽以下這個例子。

這是美國普林斯頓大學研究員帕姆・穆勒（Pam Mueller）在二〇一四年發表的研究結果。

他讓六十七名學生觀看五支各十五分鐘的教學影片，請他們像平常上課那樣做筆記，並分別使用以下兩種方法：

A 組：用「手寫」做筆記。
B 組：用「筆電」做筆記。

半個小時後，請他們做其他題目。待清空他們對影片的印象

後，再問他們以下兩個關於影片內容的問題：

簡單問題：回想影片裡出現過的事物
應用問題：請說明影片裡提出的概念或觀點

結果如何呢？

在單純確認知識的問題上，兩組的答對題數沒有太大的差別。但在詢問概念的應用問題上，手寫筆記這一組的答題正確率明顯更高。

一群學力相差無幾的學生，花同樣的時間看同樣的教材並做筆記，為什麼還會出現這種差異呢？

研究團隊關注的焦點在於筆記的長度。

B 組學生（用筆電做筆記）寫下的單字數量，大約是 A 組學生（手寫筆記）的兩倍。

手寫很辛苦，無法將老師所說的話一字不漏地記下來，因此只能寫成簡短的條列式重點，於是學生在自己並未察覺到的情況下，為課程內容做了摘要，並用自己的方式寫下來。

換句話說，手寫筆記並不是「寫下準備要記住的東西」，而是這個過程本身就已經在進行有效率的記憶工作。

請各位務必嘗試手寫筆記。畢竟手動了多少，大腦也會跟著動多少。

25

✕ 一開始就用
螢光筆畫重點

○ 先全部讀完兩次後，
再用螢光筆畫重點

「重點要用螢光筆畫起來。」

不論學生和社會人士，許多人都會這麼做。用螢光筆在需要的地方做記號，讓人一眼就能看到重要的部分，加深印象。

不過，也常會出現大半頁都畫滿了重點，結果反而不知道哪裡才重要的情況。

其實，螢光筆的使用是需要「忍耐」的。

關於這一點，二〇一四年，美國聖約學院（Covenant College）助理教授卡蘿爾·約兒（Carole Yue）團隊發表了一份有趣的研究報告。

團隊將一百八十四名學生分成「用螢光筆」和「不用螢光筆」兩組，請他們閱讀有關地下水的學術資料。

一個星期後，學生做了關於這份資料的填充題測驗。

結果，可在閱讀時使用螢光筆的學生，答題正確率比不用的學生高了 32%。

看來，螢光筆確實有助於記憶。不過有趣的還在後面。

團隊又將使用螢光筆的學生分成以下兩組：

A 組：讀完一次資料後，立刻重讀一次做為複習。

B 組：讀完一次資料後，隔了三十分鐘才複習。

結果兩者的成績有驚人的差距。立刻複習的A組，答題正確率比隔了三十分鐘才複習的B組高了大約三倍。

為什麼會這樣呢？

人們在閱讀未接觸過的文章時，會以為每一句都是重點。但只要先看過整篇文章、了解其內容架構後，再重新閱讀一遍，對重點的掌握就會比第一次清楚很多。

而且在第一次讀完後立刻重讀，會因為最初的印象還很鮮明，使得閱讀過程更順暢。重讀後，再用螢光筆把要強調的重點畫出來，效果更好。

我們可以把以上結果歸納如下：

步驟一：先將內容從頭到尾瀏覽一遍，再立刻重讀一次。

步驟二：讀完第二遍後，再用螢光筆標出重點。

這就是螢光筆的最佳使用方法。

那麼，該用什麼顏色的螢光筆才好呢？當然，每個人可能都有自己的偏好，不過顏色本身有其特定的性質，會讓大腦反應隨之改變。

　　關於這一點，美國設計師羅亞德‧伊娃（Loard Eva）提出了以下建議：

　　綠色：能提高注意力的顏色。屬於自然的色彩，適合用來標記重點。

　　黃色：是最能吸引學習者的顏色。建議用來標示「絕對不能弄錯」的地方。

　　橘色：能振奮情緒的顏色。建議用來標記答對的部分。

　　藍色：可提高生產性和思考力的顏色，最適合用來標示數字和程式語言，也建議用來強調行程表中的期限。

　　請各位多多參考這些做法，讓自己手上的教科書變得更強大吧。

26

**✕ 隨自己高興，
彙整筆記裡需要記住的內容**

**○ 簡單的「if-then」模式，
才是筆記最理想的寫法**

念書時，你會寫筆記嗎？有人完全不寫，也有人會善用各種資料影本或工具來製作精美的筆記；用 Evernote 這類工具的人應該也不少吧。這麼說來，以前還流行過「東大筆記術」。

請大家思考一下。實際考試或上臺報告時，除非有特殊規定，否則應該都不能拿出自己寫的筆記對吧，終究只能靠自己的腦袋一決勝負。

因此，筆記最重要的作用，就是在正式上場當天，幫助你重現關於學習內容的記憶。

那麼，該怎麼做才比較容易重現記憶呢？
接下來為各位介紹一個觀點稍有不同的研究。

一九九七年，美國紐約大學教授彼得・戈爾維策（Peter Gollwitzer）發表了一項劃時代的研究結果。

他請八十六位自願參加研究的學生繳交一份報告，具體寫下自己度過聖誕夜的方式。

繳交期限是在聖誕夜兩天後。

研究團隊請部分受試者用以下形式安排寫報告的計畫。

「If A, then B.」（如果出現 A，就立刻做出 B。）

具體來說，就像是「聖誕節的早晨一到，我就立刻在廚房的餐桌上寫報告」這樣的計畫。感覺有點麻煩對吧。

但用「if-then」條件句訂定計畫的受試者當中，約有七成都遵守了繳交期限；其他受試者的繳交率則只有三成左右。

這個「if-then」模式後來也在各種狀況中得到驗證，至今已經成為設定目標的基本技巧。

人類是討厭改變的生物。所以，如果一開始就清楚決定好「如果○○，那就□□」的話，就會讓人更想努力達成。

各位也可將這種心理機制應用在筆記的製作上。

方法十分簡單。只要用「若 A 則 B」（A → B）這個簡單的句型，整理好需要熟記的內容就可以了。

舉例來說，如果你需要區分並記住「立即」「即時」「不得

延誤」這些容易混淆的詞彙，可以用下列方式：

．立即→沒有任何理由，必須馬上執行。
．即時→盡可能快速。
．不得延誤→有合理的理由才可延遲。

不需要寫成長篇大論。只要用「→」連接關鍵字即可。

只要用這個方法，就能釐清需要記住的事項之間的差異。

尤其是用來對付考試成敗關鍵所在的陷阱題，**更能發揮它的威力。**

最接近的樣式就是「單字卡」。這是一種正面寫單字、背面寫翻譯的簡易小冊，其實這種格式才是最理想的筆記術。

順便一提，我現在所做的各種筆記都是用這個格式寫的。正因為這項技巧夠簡單，才能一直沿用下去。

27

✕ 口試時，
要盡可能提出更多論據

○ 口試時，
要將列舉的論據精簡成「三項」

「關於口試，有沒有什麼好的對策？」

這是在遇到高難度考試時，經常會出現的問題。

口試需要適當掌握題意，根據題目主旨闡述自己的論點，難度與單純回答對錯的問題截然不同。

我持續出書已經超過二十五年，也曾在講座活動進行過多次簡報。

我要根據這些經驗告訴大家一個訣竅。

那就是將自己要列舉的論據精簡成「三項」。

一般人會以為，舉出越多證據，好像就越有說服力。但是「三」這個數字其實是有魔力的。

二〇一〇年，英國倫敦大學的腦科學研究所發表了一份意義重大的研究報告。

團隊請十九名受試者聆聽三到六個與日用品有關的單字，然

後想像一個擺放著這些物品的房間模樣。

這時候，受試者必須閉上眼睛，從一片空白的狀態開始，在腦中描繪出鮮明的畫面。

接下來有趣的地方，在於受試者想像時大腦的活化程度。

在想像第一個單字的時候，腦內負責掌握空間的海馬迴和大腦發號施令的部分會開始活化。

在想像第二個單字時，活躍程度會持續增加；聽到第三個單字時，腦部的活化程度達到最高。

但是達到顛峰後，即使繼續聽第四個以後的單字，大腦的活化程度也不會再增加。

研究團隊得到這樣的結論：

「只要有三項要素，人類就能想像出條理清晰的場景。」

道家的老子曾說過：
「道生一，一生二，二生三，三生萬物。」（《道德經》第四二章）

另一方面，也有實驗證明，闡述論點時所使用的依據一旦超過三個，反而有可能讓對方起疑。

進行論文口試或口頭報告時，還是先遵守「三的魔法」吧。

說明論點時，可先開門見山地說出自己的結論，再表明「我的依據有三項」；比方說，可以使用「關於○○，我的想法是□□。理由有三個」之類的句型。

如此一來，對方的大腦就會在不知不覺間放鬆下來，準備好聽你發表。

我在面試或進行調查時，也會使用這道魔法；像是「關於這一點，你能舉出三項重點嗎？」之類的。

神奇的是，這種問法比「請舉出一個重點」更能得到直搗核心的答案。

請大家務必學會這種方法。

這種方法也能用在平常學習時，也就是帶著「找出這部分的三項重點」的意識來讀書或聽講座。

28

✗ 終極的讀書法，是在一分鐘內速讀完整本書

○ 終極的讀書法，是「跳過九成的內容」

「我上過一門速讀課，然後用二十分鐘讀完了《戰爭與和平》。我只記得它跟俄羅斯有關。」

知名喜劇導演伍迪‧艾倫曾這樣揶揄過「速讀法」，認為這只是讀得快，卻什麼也學不到。

很多速讀法都主打「不論多厚的書，都能一分鐘就讀完」，但真正的重點其實在「讀完」之後。尤其是準備考試，要求的是深入理解內容到足以回答任何問題的程度。

這些速讀法真的能滿足這個期望嗎？

在這裡為各位介紹一項具代表性的實驗。

一九八〇年，美國卡內基美隆大學的研究團隊請以下三組受試者閱讀文章。

一、速讀組：一分鐘約可讀六至七百個單字。

二、一般人組：一分鐘約可讀大約兩百五十個單字。

三、跳讀組：一分鐘約可看到六至七百個單字。

做完確認文章重點的測驗後，研究團隊發現了一項有趣的事實：閱讀速度大約是一般人二・五倍的速讀組，測驗分數雖然比跳讀組高，但明顯比正常讀完的一般人組要低。

而當這篇文章是需要背景知識的高難度科學論文時，速讀組的分數更是墊底。

該實驗告訴我們的是「理解」的本質。

「理解」是既有知識和新知識結合後才會發生的反應。不論讀得再怎麼快，也無法理解自己一無所知的內容。

二〇一六年，美國加州大學聖地牙哥分校教授基斯・雷納（Keith Rayner）所帶領的研究團隊，在總結了速讀法的歷史後，提出以下論點：

「閱讀速度並非取決於動眼的速度，而是閱讀者的語言處理能力。」

目前為止，一般仍認為並不存在人人都能快速讀完任何書籍的速讀法。從入門書開始閱讀，再慢慢熟悉專有名詞和理論的

發展。這才是有意義的閱讀法、學習法。

……如果結論就只是這樣的話，也未免太無趣了，對吧？

請各位放心。雷納教授的研究團隊也對某種特定方法給予了正面評價。

這個方法就是「略讀」。

「略讀」是不讀完整篇文章，只選取自己覺得重要的部分來精讀的方法。

開會前，大家都會稍微翻一下會議資料，了解一下重點；考試前，大家也都會猜個題目。

只要把這個概念用來閱讀就好。略讀的重點在於意識到「目的」，也就是依照「我只想了解這個！」的想法去讀。

沒有必要從頭讀到尾

雷納教授的研究團隊還提出下面這個效果更好的略讀方法。

「有效的略讀，就是先看標題、目錄、關鍵字，從找出與自己有關的領域開始。」

也就是說，只要專心閱讀與自己有關的部分就好了。這可算是帶有強烈「目的」意識的跳讀。

事實上，我長年研究速讀法，還擁有國際認證的速讀法講師資格。只要不是那種僅適用於少數天才，而是人人通用的速讀法，必然少不了「略讀」的概念。

這裡要介紹一種可以現學現用的速讀法，那就是「**一書三重點＋一行動**」。

首先，以「一本書只學三項重點」的心態來閱讀。

因此，要先確定自己最想解決（想知道）的三項主題，並且針對這些疑問建立自己的假設。

然後再按照前面提到的略讀方式，根據該書的封面文案、書腰文案、前言、目錄和大致瀏覽全書一遍的印象，找出書中可能寫有答案的地方，並只讀那個部分。

讀完後，可不能只是覺得「這是一本好書」就結束了，還要決定一項自己之後要實踐的行動。

事實上，用這種方法扎實讀過的部分，只占了整本書的一成左右。但各位不必對此有罪惡感，因為作者最大的心願，就是讀者的人生能因為這本書改變。

講白一點，忽略書裡九成的內容不讀，才是速讀的祕訣。

大家不妨也用這種方法來閱讀本書。

- ◎ 自己做「回想測驗」
- ◎ 圖片驅動大腦搜尋功能的作用，
  比文字強了五·七倍
- ◎ 在腦海裡想像要記住的事物形象，隨手畫成圖
- ◎ 「自己開口朗讀」最能提高記憶力
- ◎ 用故事形式來學習，記憶會更深刻
- ◎ 背誦時，用碼表計算時間
- ◎ 在學習過程中安排睡眠，
  牢記的程度會大幅提升
- ◎ 運用「意元集組」
- ◎ 亂七八糟的內容，
  會比整理有序的內容更容易記住
- ◎ 即使年紀增長，還是可以設法讓大腦升級
- ◎ 課堂筆記用手寫的效果最好
- ◎ 第一次閱讀參考書時，先不要用螢光筆畫重點
- ◎ 用「if-then」模式寫筆記
- ◎ 將論據精簡成三項
- ◎ 用「一書三重點＋一行動」來閱讀

第4章

————————

Check

————————

給自己的學習
適當的評價

29

✕ 正式考試前，
要提升動力

○ 正式考試前，
要提高課題的分析力

「最後就是要靠氣勢！」

正式考試前，很多人都會這麼想。俗話說「狗急跳牆」，人生有時候確實需要靠氣勢。

但這麼做真的有用嗎？

先說個故事給大家聽。

二〇一五年九月十九日，日本橄欖球壇發生了有史以來最大的奇蹟：在世界盃橄欖球賽中，日本擊敗了世界強隊南非。

過去日本對南非的戰績可是十六連敗，而南非曾經贏得兩屆世界盃冠軍，可是強隊中的強隊。誰也沒有料到，日本竟能中止連敗紀錄，除了「奇蹟」，還真找不到其他的形容詞。

締造這場奇蹟的，是日本代表隊總教練艾迪・瓊斯（Eddie Jones）。而艾迪在日本代表隊所做的改革之一，就是比賽前的打氣儀式。

當時，正式上場前，全體球員會聚在更衣室內大聲呦喝、含

淚為彼此加油打氣。

艾迪很乾脆地廢除了這項傳統。

因為他認為，在長達八十分鐘的比賽中，這種一時的熱血激昂根本沒有意義。

艾迪冷靜地問全體球員：

「你們希望自己在比賽開始後一小時是什麼樣子？」

這個問題幫助他們找出了全新的策略。比賽開始後六十分鐘，兩隊都會露出疲態、速度變慢，雙手擒抱的位置會變高，威力也會減弱。因此，艾迪想出一個具體的訓練方式。

一、透過肌力訓練緊實全身肌肉，提高瞬間爆發力。

二、延攬曾在格鬥比賽中扳倒各國魁梧選手的綜合格鬥家高阪剛為教練，讓球員熟練低位擒抱的技巧。

艾迪提升的，不是球隊的「精神狀態」，而是課題的「分析力」。

正式面對課題當天，實際決定勝敗的關鍵是什麼？

為了克服這個關鍵，應該做什麼準備？

經過深思熟慮後，在前方迎接他們的就是奇蹟。

學習也是同樣的道理。

以下三個問題，請各位務必對自己提問：

一、正式上場當天，我需要處於什麼狀態？

二、正式上場時，什麼狀況最難熬？

三、需要做什麼訓練，才能克服它？

回答這些問題前，請先盡可能在學期剛開始時，在一定的時間限制內寫完考古題，或安排一個接近正式上場的狀況來演練一下。

這麼做，或許可以讓你發現自己意想不到的弱點。

比方說，你可能會發現自己的體力根本撐不完全場，這時候，可以增加模擬測驗的演練次數。如果你發現，自己到最後還是無法寫完考卷，並因此感到驚慌失措的話，建議可以試試下一篇所提到的方法。

能逐漸克服自己弱點的學習方式，才是最有效率的學習法。

學習時，請經常將上面三個問題銘記在心。

奇蹟總會降臨在最勇於面對現實的人身上。

正式上場前的心理準備

只要氣勢夠，
什麼都沒問題！

最後就是要靠氣勢

對自己的3個提問

| 問1 | 正式上場當天，
我需要處於什麼狀態？ |

| 問2 | 正式上場時，
什麼狀況最難熬？ |

| 問3 | 需要做什麼訓練，
才能克服它？ |

30

✕ 所謂的盡全力，
就是一心一意努力

○ 所謂的盡全力，
就是將全力用數字來評估

「要全力以赴！」

這是考試時必會聽到的一句話，尤其是像升學考試或國家考試等非常重要的場合。

但遺憾的是，並沒有人教過我們「全力以赴的方法」，因此就算聽到這句話，大家也只能面露尷尬。

關於這一點，有項很有意思的實驗。

美國心理學家愛德溫‧洛克（Edwin Locke）和蓋瑞‧拉珊（Gary Latham）曾對木材運輸業者進行了一項實驗。

該公司有「工作效率很差」的煩惱。因為工人每次能堆上大貨車的木材數量，只有載運上限的 60% 而已；就算叫他們「好好幹活」，也只會引起工人的反彈。

因此，研究團隊提出了具體的建議：

「請他們先以堆滿貨車上限的 94% 為目標吧！」

九個月後，實際裝載的數量已經很接近 94% 了。

相當於每次運送的產能提升了 34%。

每個人都會竭盡全力。

因此，不論規勸式的否定言論（例如「要努力提升成績」「要好好加油」等）再怎麼正確，都會讓人難以接受。

需要的是將產能「數值化」。

具體決定好「全力以赴＝將成果的數值再提高○○％」。

如此一來，既不會否定目前的努力，還能讓自己採取全新的行動。

如果每天都要念書，只要設定「章末習題答對 90% 以上」或「今天的進度是要讀到○○頁」之類的目標就可以了。

事實上，我也會把內心的活動「數值化」。

「將情緒數值化」聽起來好像很不近人情，但事實上，「數值化」能讓人明確感受到原本模糊不清的心理變化。

這是一種量表式的評估法。

只要使用這種方法，就連身心療癒的程度或與伴侶感情的深厚程度，都可以數值化。

做法十分簡單。例如在復健科門診中詢問患者疼痛的程度或身體的輕鬆度時，醫師經常會這樣問：「假如最痛是十分的話，你現在感覺是幾分？」

這能讓患者很自然地聚焦在自己的身體狀態，並和過去的狀況比較。

「如果以前的疼痛算十分的話，現在大概是八分吧……已經改善了兩分呢，真的太好了！」

如此一來，治療就能進行得更順利。人們為了追求更好的「數字」，自然會更積極地進行自主訓練。這是有本領的治療師、教練、訓練師、醫師都會運用的技巧。

即使是筆試型的學習，也可以用這個方法改善「模擬考時的焦慮或恐懼」等精神層面的問題。

「假設上次模擬考的焦慮程度是十分，這次是幾分？」

只要這樣對自己提問，意識自然就會放在已經有所進步的自己，精神狀況也就能穩定下來了。

31

✕ 學習成果能透過反省來改善

◯ 學習成果只要透過測量就能改善

「不必控制飲食的減重法」聽起來很吸引人對吧。

當然，重新評估飲食，終究是減重不可或缺的。

不過，只要做到「**一件事**」，就算是最簡單的走路，也能讓人穩定減重。這項資訊不僅對想減重的人來說是項福音，也能應用在學習上。

二〇〇八年，密西根大學醫學院教授卡洛琳·理查森（Caroline Richardson）團隊使用「計步器」做了一項實驗。

「計步器」是很常見的運動測量工具，只要佩戴在身上，就能計算一整天的行走步數。

只要戴上這個走路，就算不必控制飲食，也能減重嗎？

實驗結果非常有趣。在觀察短期（四週）與長期（一年）的實踐結果後，發現受試者平均減重一·二七公斤。

或許有人會想：「才一公斤喔？」但受試者大多數都有肥胖困擾，平常也都是坐著不動的人，如果他們過著與平常無異的

生活，體重就會直線上升。

研究團隊提出的結論是：

「如果受試者確實參與以計步器為準的健行課程，**每個星期有望平均減重約〇‧〇五公斤。**」

只要每天將自己的行動量化，就會產生想達成目標的動力。

這是因為**當我們每天觀察數值的變化時，就會在意它的變動，於是在無意間逐漸增加活動量。**

這種方式說不定也會影響人們如何挑選食物。

事實上，我靠著每天記錄飲食內容，成功減掉不少體重。

在學習上，強烈推薦大家試試「每日學習紀錄」。

即便只是在記事本上記錄當天念完的教材頁數、解答的習題數也無妨。

重點是，要在毫無進展的日子裡光明正大寫下「零」。如實記錄才是最重要的。

如此一來，人們就會為了「至少不要是零」而發憤努力。

持續記錄數值和事實，就能確實改善。

這一點當然也可以運用在工作上。

如何改善學習成果？

○○部分好糟糕啊

成果 → 反省

成果 → 量化

記錄當天念完的教材頁數
或解答的習題數

記錄數值和事實，
就能確實改善

學習紀錄

32

**✗ 要經常意識到
目標與現狀的落差**

**○ 開始學習後，
只專注於現在「做得好的地方」**

「明確了解現況與目標的差距，掌握自己面對的課題。」

這是設定並達成目標的模範答案，是所有訓練式思考的基本。健身房和練舞室之所以會設置大片鏡子，就是這個緣故。

但可惜的是，這個模範答案卻會讓初次學習的人吃盡苦頭。

二〇〇八年，美國芝加哥大學教授艾雅蕾・費雪巴赫（Ayelet Fishbach）所帶領的團隊進行了一項很有趣的實驗。

這項實驗是以一百二十二名愛滋孤兒公益團體的登錄會員為對象，這些人分為以下兩種：

A組：尚未捐款給該團體的人。

B組：每月平均捐款三十二美元（約新臺幣一千元）的人。

該團體已通知這兩組人，募款目標為一萬美元，目前已達標一半，同時懇請他們繼續支持。

有趣的地方就在這裡。

研究團隊準備了下列兩種募款說法：

說法一、強調「已募得的金額」：

「目標是一萬美元，目前已募得四九二〇美元。」

說法二、強調「不足的金額」：

「距離目標一萬美元還差五〇八〇美元。」

他們使用上面兩種說法來募款。

你覺得哪一種說法比較能說服你掏錢捐款呢？

結果非常有意思。

對 A 組「尚未捐款給該團體的人」來說，強調「已募得金額」的第一種說法更得他們青睞，捐款人數大約是說法二的三倍之多。

對 B 組「經常捐款的人」來說，強調「差距」的第二種說法更能讓他們接受，捐款人數大約是說法一的八倍之多。

A、B 兩組的結果完全相反。為什麼會發生這種事呢？

我們先站在 A 組的立場思考看看吧。

A 組煩惱的是「到底該不該捐款」（重要性），而能幫助他們判斷的，就是過去的績效。其他人已讓募款目標達成一半的事實，能賦予他們動機。

另一方面，B 組在意的是自己明明每個月都有捐款，但目前的募款金額只達到了目標的一半。因此，「只達標一半」的事實成為了激發他們動機的因子。

研究團隊透過實驗提出了下列方法：

「想達到個人參與度高的目標，要著重在未達成的部分。」
「想達到個人參與度低的目標，要著重在已達成的進度。」

就學習來看，一開始想必是處在個人參與度低的狀態，會讓人不斷想放棄。

因此剛開始學習時，無論如何都只能聚焦在「已經學會的部分」。

比方說，已經寫過的題目就再寫一次、複習學過的內容、將自己完成的進度寫成日記等。

相反的，當個人的參與度隨著學習進度逐漸提高時，就要轉

而聚焦在「還不會的部分」。

比方說，挑戰必須多花一點力氣才能解答的應用題、挑戰有嚴格時限的模擬考試或術科實習，或是請老師、前輩等人給予嚴格的指教等等。

只要運用這種心理技巧，就能讓自己在更平順的狀態下學習。

33

✕ 相信未來的自己一定會成長

⭕ 找個願意在未來提醒自己的幫手

「回過神來，才發現已經過了一個星期！」

當我們開始學習後，往往有種時間在轉眼間飛逝的感覺。

這意思是說，當我們想著「明天再念」而渾水摸魚時，時間就這樣過了；即使有心打開書本，卻始終沒有動力念書。到最後，便逐漸放棄了自己原本想考取的檢定或證照。

聽在某些人耳裡，這些話或許非常刺耳吧。

為什麼會這樣呢？

最大的原因就是「過度期待未來的自己」。

關於這一點，曾有項驚人的研究。

一九九八年，英國里茲大學商學院教授丹尼爾‧里德（Daniel Read）發表了一項有趣的實驗結果。

他請來兩百名社會人士，告訴他們一週後會請他們吃點心。點心為以下兩種二擇一：

A、健康的食物，例如蘋果。

B、不健康的食物，例如餅乾零食。

一個星期後，丹尼爾帶了他們想吃的點心前來。但他又私底下對受試者說：

「別管你一週前想吃什麼，依自己現在的心情或喜好選出要吃的點心吧。」

這句話會讓多少受試者改變心意呢？

沒想到，空腹的受試者中，儘管許多人在一週前選了健康的食物，當天卻約有八成的人改選不健康但可口的點心。

一週前的決定怎麼就不見了呢？丹尼爾的觀點如下：

「人會讓『未來的自己』承擔『現在的自己不願承擔』的自制條件。」

實際上，容易追求輕鬆、輸給誘惑的人，腦中總以為「將來的自己一定會做出正確的選擇」。

實話總是傷人。

「期待自己擁有光明的未來」當然是件好事，但願望必須付諸實踐，才有意義。

那麼該怎麼做才好呢？

解決方法只有一個。那就是「請別人幫忙」。

想必很多人在學生時期都曾被父母或老師耳提面命：「有沒有好好念書？」「考試準備好了嗎？」怎麼想都實在不是什麼愉快的回憶對吧。

不過，正是別人這種毫不留情的警告，才能提醒我們注意自己的弱點。

讓別人推你一把

二〇〇六年，美國哥倫比亞大學教授強納森・勒瓦弗（Jonathan Levav）發表了一份令人意外的研究報告。

他將九十九名受試者分成四組，分別問他們下列問題：

問題 A：未來一週，你會吃高油脂食物嗎？
問題 B：未來一週，你不會吃高油脂食物嗎？
問題 C：未來一週，你會避開高油脂食物嗎？
問題 D：未來一週，你會喝柳橙汁嗎？

一個星期後，他實際招待受試者油脂含量高的餅乾。

至於實際伸手拿餅乾來吃的人，究竟有多少呢？結果如下：

問題 A（問他們吃的可能性）：65%。

問題 B（問他們不吃的可能性）：68%。

問題 C（問他們避開的可能性）：38%。

問題 D（問他們喝飲料的可能性）：92%。

最讓人訝異的是 C 組。單純只是問他們「是否避開高油脂食物」，他們就真的避開了。

研究團隊的結論是：

「如果我們能輕易想像某項行為，那麼一旦有人問我們『是否採取那項行為』，實際行動的可能性就會提高。」

就常識而言，大家都知道含有高油脂的餅乾最好不要常吃。因此光是有人問我們要不要吃，之後就能採取應採取的行動。

而且，提問的方式也有訣竅。

以問題 B 和問題 C 為例，兩者都是確認受試者「不吃」，但實際上的選擇卻大不相同。

為什麼會這樣？因為我們的大腦很難認識「不〇〇」這種否定句，得用清楚的「要〇〇」等肯定句來問才行。

正在學習中的你，請務必找到自己以外、願意推你一把的人。那位幫手必須在固定的日期、時間警告你：「你說今天要做〇〇，到底做了沒？」

如此一來，你就會為了加快腳步而開始行動。

如果你是學生，父母應該會很樂意扮演這個角色；如果是社會人士，也許找朋友或伴侶幫忙會比較好。

在只有「我」的情況下，人類的力量其實是非常微薄的；但如果能成為兩人以上的「我們」，就能比自己想像中更努力。

別一個人獨自煩惱，盡量尋求別人的幫助吧。

如何繼續努力、不偷懶？

信心滿滿的預測

未來的我一定會做出正確的選擇！

請別人幫忙警告

要趕快開始才行

自己

你說今天要做○○，到底做了沒？

他人

34

✕ 要以專心推動進度為優先

◯ 要優先重寫答錯的習題

「念書最麻煩的事是什麼？」

很多人的答案都是「重寫習題」。

只挑出答錯的題目、從頭再解一次；或是反覆計時、重寫模擬試卷……任誰都會覺得，與其糾結在這些地方，不如把進度往前推進更重要吧。

不過，重寫習題絕對不是浪費時間。

二〇一六年，美國哈佛商學院教授法蘭西絲卡‧吉諾（Francesca Gino）所領導的團隊，發表了一份非常有趣的研究報告。

團隊請兩百五十六名受試者挑戰數字滑塊拼圖遊戲（在平面上滑動拼圖塊，以拼成特定排列的遊戲），勝者能獲得獎金。

第一回合和第二回合之間會休息三分鐘。

休息時，受試者可從以下兩種活動中擇一進行。

A：回顧第一回合的策略，並寫下第二回合的改善方案。

B：用其他滑塊遊戲反覆演練。

如果是你，會選哪一個呢？

這時候，竟有八二％的受試者選擇了 B。

然而在接下來的兩回合比賽裡，選擇回顧過去經驗，並反映在對策上的 A 組中，成功完成遊戲的人數比 B 組的人多了大約 20%。

哲學家暨教育家約翰·杜威（John Dewey）曾說：

「我們並不是從經驗中學習，而是透過回顧經驗來學習。」

許多人都覺得，趕上進度才是最重要的，但學過的東西要是不夠熟悉，之後還是很可能會在某處碰壁。

至少每個月一次，一週一次更好，請大家設定一個「重寫習題日」吧。

如此一來，你的學力才會扎實地提升。

35

✕ 複習就是不斷重讀同一份教材

○ 複習是稍微改動同一份教材的內容

「不預習也沒關係。」

有些對講課很有自信的老師會這麼說。

但應該沒有哪位老師敢說「不複習也沒關係」吧。

學習的基本就是「重複」，不論什麼樣的內容，都需要複習才能熟練。這裡要為各位介紹一個非常好用的複習方法。

二〇一六年，美國約翰霍普金斯大學的研究團隊發表了一項意義重大的研究結果。

他們請八十六名受試者在電腦上進行「提升運動能力」的課程。受試者依照學習方法分成下列三組：

A 組：在上完課的**六小時後**以及**隔天**，複習同一份教材。

B 組：在上完課的**六小時後**以及**隔天**，**拿稍微調整過、應用性較強的題目**做為複習。

C 組：在上完課的**隔天**複習完全相同的教材。

結果表現提升最多的是 B 組。他們解答題目的速度和正確度是 A 組的約兩倍。墊底的則是 C 組，表現比 A 組要差了 25%。

　　我們可以從這項研究看出何謂「適當的複習」。

　　需要輸入新技能、新知識時，盡可能不要等到隔天，而是當天就先複習一次。

　　複習時，也最好能「稍微改動」內容，比起複習完全一樣的教材，這麼做更容易牢記在心。

　　研究團隊將這種作用命名為「再固化」（reconsolidation）。

　　重點在於「稍微改動」，大概就是稍微調整題目條件的程度。但如果改成完全不同的內容，就無法達到再固化的效果。

　　比方說，如果是需要計算的題目，那就修改一下數字、再解一次就好；如果是需要背誦的內容，就將原來的默背改成一邊念出聲、一邊記下來的方式。即便只是一點點，也能帶來很明顯的效果。

　　雖然用相同的時間複習，效果卻天差地別的原因就在這裡，請大家務必試試看。

第 4 章　Check　給自己的學習適當的評價

36

✕ 練習量與結果成正比

○ 來自老師的回饋與結果成正比

「跑過的距離是不會背叛我的。」

這句話是二〇〇四年雅典奧運女子馬拉松金牌得主野口水木的名言。

不論我們生活在多高效率的數位社會裡，練習都是成長不可或缺的。尤其是正在苦讀或專心投入某項運動的人，應該都很清楚這一點。

話雖如此，練習的「內容」還是非常重要的。

尤其不能欠缺某樣東西。

二〇一六年，美國威斯康辛大學麥迪遜分校的研究團隊，發表了一份關於正念靜心練習的有趣報告。

越是經常練習正念靜心的人，呼吸速度就會越慢。這與年齡或性別無關，重點在於練習的「內容」。

首先，在這場研究中，參加短期退修會（retreat）的人，其

呼吸速度會隨著練習時間等比例變化：練習時間變成兩倍時，每分鐘的呼吸次數就會減少〇‧七次。

另一方面，在家自主練習的受試者，不論練習時間再長，呼吸次數也不會有任何變化。

為什麼會這樣呢？因提出EQ（情緒智商）概念而聞名於世的丹尼爾‧高曼（Daniel Goleman）博士這樣描述短期退修會的效用：

「有可以指導靜心者的對象，也就是有一位靜心教練。」

有教練在，就能針對當下的狀況直接提出需要精進的重點。這種效果是不論自己在家看多少訓練影片，都不可能達到的。

學習的品質，取決於回饋的品質。

但話又說回來，「回饋」到底是什麼？

回饋就是「**某個媒體針對自己的表現或理解程度提供的資訊**」。這裡的「媒體」可以是教師、同學、父母、書籍，甚至是自己的經驗也無妨。

不過好的回饋都具備一項條件。

澳洲墨爾本大學教授約翰‧哈蒂（John Hattie）認為，重點在於回饋「能否縮小當下的理解與目標間的誤差」。

如果只是單純地鼓勵學生、給予機械式的目標指示，那就稱不上是回饋。

而且人類本來就是一種會高估自己、渴望安於現狀的動物。此外，還有可能會產生鄧寧—克魯格效應：「某件事做得越差的人，越以為自己優於他人；做得越好的人，反而越以為自己遜於他人。」

回饋時最有效的三個問題

約翰‧哈蒂針對多達十八萬件學習事例進行了統合分析，並提出給予好回饋需要的三個問題：

一、我正在朝哪裡前進？
二、我以什麼方式往那裡前進？
三、我接下來該去哪裡？

這三個問題能幫助自己重新釐清達成目標的方式、應採取的行動，與對自我的評價，對於提升動力也有很強的效果。

所有自學有成的人，都會經常對自己提出這三個問題。

在學習「回饋」相關的知識上，我自己也投資了不少時間和金錢，曾多次遠赴海外上課，還有很多是需要身體實際操練的體感式學習。即便是在新冠疫情期間，我也會利用視訊軟體上課或進行個人諮詢。

我還進修了關於自我教練這方面的內容，但相較之下，還是一流老師所提供的回饋，更能讓我立即察覺自己的弱點。光靠自學，進步的速度完全不能與之相比。

影音環境的發達，讓學習成本大幅下降許多，因此我建議各位將省下的成本投資在「回饋」上。

如果你正在準備升學或證照考試，請務必找一位能幫你批改答案或講評的個別指導老師。

即使你是一個人自學，也別忘了經常對自己提出那三個問題，確認自己的前進方向。

37

「自學」好呢，還是「團班學習」比較好？

這是在線上課程發達的現在才會面臨的選擇。

「只要看YouTube，想學的東西幾乎都學得到。」「不不不，還是現場教學最好。」每個人的看法都不盡相同。

我曾以徒弟的身分拜師學藝、與師父同住一個屋簷下修行；也曾使用導入最新科技訂做的速讀／速聽程式，體驗過各式各樣的學習型態。

在這個問題上，我認為首先應該考慮的，是自己是否擅長該領域。

如果自學就能精通的話，當然就沒有必要去上課了。

不過一般來說，父母多半傾向於讓孩子去知名的大班制補習班，和其他學生一起上課、加強不擅長的科目。

這樣做真的是對的嗎？

一九七七年，文化心理學先驅海柔爾・蘿斯・馬庫斯（Hazel Rose Markus）進行了一項相當獨特的實驗。

她以「準備其他實驗」為名義，請四十五名受試者換上指定的服裝。此時受試者需要做出兩種不同的動作。

A 組：做自己擅長的動作（例如穿鞋、綁鞋帶）。
B 組：做自己不擅長的動作（例如打西裝領結）。

更衣環境也有三種類型：

一、獨立的更衣室，裡面沒有任何人。
二、在房間角落更衣，會有人在旁邊看。
三、有人背對著更衣處，正在修理東西。

結果非常有趣。

在一個空間裡，人們如果能感受到其他人的視線，擅長的動作就會做得很俐落，不擅長的動作反而會做得很慢。

即使在第三種更衣環境「有人背對著更衣處，正在修理東西」也一樣。

只要與他人共處一室，人們就會產生某種緊張的情緒，無法保持冷靜。

這種狀態有可能幫助自己拓展能力，但也有可能適得其反。

由此，我們可以發現兩件事：

如果是能自學精通的領域，與他人共同學習，就能磨練得更加出色。因為人類只要感受到別人的視線，就會想做得更好。

但如果是完全不熟悉、不擅長的領域，突然要自己與其他人一起學習，反而有可能會表現失常。這時，透過能反覆重看的教學影片，或是從一對一個人家教開始，效果會比較好。

幸運的是，現在有很多學習 APP 或個人家教班，選項變得比以前多元。這個趨勢應該能更加拓展成人進修學習的管道吧。

38

✗ 會說「我不懂」，就代表沒讀書

○ 說得出「我不懂」，就是用功學習的證明

「大家有沒有什麼問題？」

在演講或課堂的最後，老師通常都會這樣問。

這種時候，臺下也通常都沒有反應，甚至瀰漫著有點尷尬的氣氛。

不論是老師的心情，或學生的想法，兩邊我都能理解。

要當眾向老師提問：「我不太懂剛剛說的○○，可以再說一次嗎？」還真的會讓人頗感羞愧。

沒有人想被嘲笑「居然連這個都不懂」。尤其是隨著年紀增長，這種心情會越來越強烈。

不過，希望各位可以思考一下。

承認自己「不知道」，真的有那麼丟臉嗎？

關於希臘哲學家蘇格拉底，有這麼一段廣為人知的故事。

某天，有人跑到德爾菲神殿求取神諭：

「有沒有人比蘇格拉底更有智慧？」

這話還真是問得相當乾脆呢。

神諭的回應是：「沒有人比蘇格拉底更有智慧。」

但蘇格拉底聽到這個消息後，反倒充滿疑惑，因為他很清楚自己「無知」的程度。

「為何要說我這樣無知的人『最有智慧』呢？」

在與知名政治家和知識分子的對談中，蘇格拉底領悟到一個事實：「他們只是假裝自己有知識和智慧而已。」

同時，他也發現自己唯一擁有的智慧是什麼。

「我唯一知道的，就是我『一無所知』。」

現在的智者也繼承了他的這種精神。

西班牙科學家弗朗西斯科・佩雷斯（Francisco Pérez）曾說過這麼一句話：

「對科學家而言，『不懂』是『有自信』的同義詞。沒有自信的人才需要假裝自己什麼都懂。」

「說『不懂』就代表『可以相信我』。因為能區分自己知道與不知道的事，才說得出這句話。」

到這邊，我相信大家應該已經明白了。

能光明正大地表示「我不懂」並勇於發問，就是不斷累積扎實學習的證明。

換言之，這也是完全不害怕「萬一被發現我根本沒念書的話該怎麼辦」的證明。

因此，用心的老師無不誠心歡迎學生發問，因為這證明了學生確實認真吸收了自己所學到的東西。

同時，對老師而言，學生的提問也是重新評估自己教學方式的絕佳機會。

順帶一提，許多學生之所以特地當眾發問，也是想利用這個問題來增加授課的深度。

因此，能提出問題的人已經不算是學生，甚至可說是「在課堂上與老師同臺演出的對手」。

直到自己有勇氣提問前，請大家多多累積學習經驗；一旦有了發問的勇氣，也請務必積極提出自己不懂的問題。

◎ 不需要振作「精神」，而是要「分析」課題

◎ 以數值來衡量自己的最佳表現和現況

◎ 做「學習紀錄」

◎ 剛開始學習時，
　只要聚焦在「能做到的部分」就好

◎ 對內容熟悉後，再轉而聚焦「做不到的部分」

◎ 在身邊安排一位能提醒你「到底做了沒？」的人

◎ 設定每週一次的「重寫習題日」

◎ 複習時，要稍微改動一開始學過的內容

◎ 「回饋」是值得投資的

◎ 不擅長的領域要靠個別學習，
　擅長的領域才要靠團班學習

◎ 「不懂」並不是丟臉的事

第5章

Improve

持續改善學習方法

✕ 學習的幹勁
需要自行激發

○ 只要改變眼見的事物，
就算沒有幹勁也能用功

「您都是怎麼教小孩的呢？」

只要談到學習法，一定會有人這麼問我。說來有點丟臉，但我要跟大家坦白一件事。

偏差值二十八。

這個數字代表什麼意思？就是在一千名考生中排名約九百八十五名。要說這種成績真的很糟，應該沒有人會否認吧。其實，這是我家大兒子國三時的模擬考結果。

這種程度根本別想考進什麼頂尖高中。

一直全心投注於社團活動的他，不得不因此發憤圖強。

然而過去他並沒有養成什麼念書的習慣，只好來找我商量。

於是我給他一個建議：

「試著把平常會看到的物品，換成符合理想未來的東西。」

我經常提倡一種夢想實現法，稱為「寶地圖」。做法是將代表自己理想未來的照片或圖片貼在軟木板上，讓自己不經意就能看見它，好獲得實現夢想的行動力與幹勁。這種創造「吸引力」的手法廣受好評，是個簡單卻很有效的方法。

　　只要改變所見之物，日常的選擇和行動就會在不知不覺中逐漸轉變成符合願景的方向。視覺資訊對人的影響真的很大。

　　關於這一點，我想跟各位說個有趣的故事。

　　這個故事的主角，是全球知名「希爾頓飯店」的創辦人康拉德‧希爾頓（Conrad Hilton）。

　　當他還是個小旅館的老闆時，他將自家旅館的照片貼在屋內的一張世界地圖上，並標示「紐約希爾頓」「巴黎希爾頓」等名稱，每天看著這張地圖、想著夢想實現的那一天。

　　後來，他確實在每一個貼了照片的城市設立了希爾頓飯店。

　　在「做什麼」和「想什麼」前，最重要的是「看到什麼」。

　　我兒子在那次模擬考後，按照「寶地圖」的原理想出了一個方法。那就是「布置一個光是發呆，也能提高成績的房間」。

　　他將重要的公式、單字，或答錯的習題答案印在 A4 紙上，一一貼在房間的牆壁。如果牆壁貼滿了，紙張就會像簾子一樣從天花板垂掛下來。這樣他就能常常見到要複習的內容，只要待在房間裡，自然就會開始念書。

這麼做的效果可說立竿見影。

在十二月的全國模擬考中，他的國文拿了滿分，偏差值從二十八上升到七十（意思是從原本的一千人排名第九百八十五名，上升到第二十三名），成功考進了他的第一志願學校。

需要記住某些內容時，可以將教材隨處貼在生活環境裡：比如房間、廁所或浴室的牆上，或是把「要記的東西」設成手機和電腦桌布。如此一來，不管你再怎麼無心學習，也會不斷看見這些東西；即使再怎麼不情願，也會自動開始念書。

德國的行銷學教授馬丁·艾森德（Martin Eisend）博士發現，消費者只要看同一支廣告十次，就會記住廣告裡的商品。即使自己對那項商品毫無興趣，也會被迫記住；更別提一旦將內容換成自己未來需要的學習事項，記憶會變得更加深刻。如果這些內容會塑造出自己期許中的未來，成效還會更高。

默背十次感覺很麻煩，但是看家裡的牆壁或自己的手機十次，卻是非常簡單的事。

大家也不妨在自己的生活環境中安插「學習廣告」。

營造出就算只是看著，
也能提升成績的環境

例1　在房間牆上張貼重要的單字

例2　將手機桌布設成「要記住的內容」

例3　布置成走進浴室就能看到重要公式⋯等

教材不能只留在書桌，
也要擴散到生活空間！

Word

嗯嗯

✕ 安靜坐好才能提高學習力

○ 坐著不動反而會降低學習力

「上課的時候要安靜坐好。」

這可能是我們在小學最先學到的事情吧。不論是東張西望、隨手塗鴉，還是玩自己的手，都會被老師警告，更別提上課時起身走動什麼的。但是，「安靜地坐著不動」真的能讓學習更順利嗎？

二○一八年，德國基森大學研究員克莉斯汀·朗漢斯（Christine Langhanns）所帶領的團隊，發表了一份令人震撼的研究報告。

團隊請十六名受試者分別擺出「躺著」「坐著」和「站著」的姿勢，並用以下三種狀態來進行心算。

A 組：完全不動。

B 組：沒有大動作的放鬆狀態。

C 組：稍微有點節奏感的活動狀態。

結果，成績明顯最差的是「完全不動」的 A 組；而在 A 組中，墊底的是「躺著不動」的受試者。

　　當然就現實來說，我們不會躺著寫習題，但「坐著不動」卻是普羅大眾都認定有效的專心狀態。

　　此外，掃瞄正在解題的受試者大腦活動後，還有個很有意思的發現。

　　A 組（不動狀態）受試者大腦中的前額葉皮質負荷明顯較重。前額葉皮質位於額頭後方，負責控制記憶、情感、行動等高度精神活動，也就是大腦的司令中樞。而心算這種必須高度運用智力的作業，也會需要盡量活用前額葉皮質。

　　換言之，若是努力保持「不動」，分配給大腦的能量就會不足。這樣反而變得本末倒置。

　　研究團隊的結論是：

　　「安靜坐著未必是最好的學習狀態。」

　　人類是一種「動物」，如同字面上所示，是為了「動」才活著的；當然，大腦的認知也是以「動」為前提發揮作用。

　　所以，如果身體靜止不動超過一定時間，就算是異常了。

目前第一線的教育現場，正開始扭轉「上課時要乖乖坐好」的觀念。

以美國加州的瓦倫西托（Vallecito）小學為例，就導入了全班都能站著上課的**站立式書桌**。

站立能使腿部肌肉發達，改善血液循環和動脈機能，也能提高熱量的消耗，與坐姿相比，更容易處於活動狀態中。

校長崔西‧史密斯（Tracey Smith）表示：「**雖然學生站一整天會覺得累，但幾個月下來，他們都變得更專心、更有自信，學習也更有效率。**」

久坐也會提高死亡率

長時間坐著不動，對我們的傷害超乎想像。

二〇一八年，英國牛津大學阿爾帕‧帕特爾（Alpa V. Patel）博士所帶領的團隊，研究了美國癌症學會長達二十一年的調查資料後，發表了一份驚人的報告。

「一天坐六小時以上的人，死亡率比未滿三小時的人高出19%。」

美國職棒波士頓紅襪隊教練貝克（B. J. Baker）曾表示：
「若一天坐著六到八小時，就需要一到兩小時的運動，才有

可能抵消。」

　　想要活化大腦、提高學習能力，馬上就能做到的事，就是減少「坐著」的時間。
　　站著做事多少也能減少坐著的時間，我自己也正在實踐。事實上，不論是現場還是線上講座，我都是站著進行的，而且最少三小時起跳，有時甚至是一整天。

　　紐西蘭國立理工學院在二〇一五年的研究指出，在職場上，站著辦公可避免下午的注意力渙散，有助於達成高效率的工作表現。

　　學校是將孩子培育為大人的地方。
　　所以，只要大人改變工作、學習的環境，孩子的學習環境也會跟著逐漸改變。
　　先設法從大人開始做起吧。

41

**✕ 休息二十分鐘，
　 滑個手機吧**

**◯ 休息二十分鐘，
　 接觸一下大自然吧**

　　美國哈佛大學公共衛生研究所的團隊，在二〇一九年發表了一項非常有趣的調查結果。

　　他們透過高度六百五十公里的人造衛星所拍攝的影像，調查美國各學校的校園綠地面積。

　　他們將這份資料與各州高中以下各級學校的學科測驗結果對照後，發現了一個令人震驚的傾向。

　　「學校周圍的綠地越大，學生的數學和英語成績越高。」

　　大家都知道接觸大自然有多重要。自然環境能調節人類的自律神經、減少壓力，還能隔離噪音和淨化空氣。

　　這項調查同時證明了**接觸大自然也能提高學習能力**。身為成人的我們，怎麼能不好好守護這份恩澤呢？

　　不過，對一般成人來說，校園並不是我們平常會進入的地

方，因此我們需要的是主動走進大自然。

散步就是個好方法，不會花太多時間，又能輕鬆做到。

此外，我還要告訴大家，特地走進大自然的意義何在。

二〇〇八年，美國密西根大學心理系的馬克‧伯曼（Marc Berman）博士發表了一份獨特的研究報告。

他請三十八名學生進行認知能力測驗，內容是將聽到的一列數字倒著寫出來。

之後他將學生分成兩組，分別採取不同的行動：

A 組：到**遠離人煙的果園散步五十五分鐘**。
B 組：到**交通擁擠的市區散步五十五分鐘**。

接著再請他們重做剛才的認知能力測驗。

兩組的分數都提高了，但是到**果園散步的 A 組成績更高**。

從健康層面來看也是一樣。根據哈佛大學醫學研究所的研究，每週花二‧五小時，也就是**每天只要花二十一分鐘走路，就可以降低罹患心臟病的風險 30%**。

另外也有報告指出，走路等運動還能降低罹患第二型糖尿病、癌症、高血壓和高膽固醇的風險，也能有效預防失智症。前美國疾病管制與預防中心主任費和平（Thomas R. Frieden）

更將走路形容為「最接近『仙丹』的藥方」。

　　即使生活在大都市裡，只要有大型公園，就會有自然環境。
而且只是散步，不需要費太多時間。

　　不管是為了學習或是健康，一天二十分鐘，請大家務必走進
生活周遭的自然環境。

42

✗ 讀書時不可以東張西望

○ 讀書時可以看看「綠意」

「眼睛累了，可以眺望一下遠方的綠樹。」

念小學的時候，應該很多人都曾聽父母或老師這麼說過；但要是真的東張西望，又可能會被罵「不專心」。

事實上，對窗外的大自然「東張西望」，能為學習帶來很好的效果。

二〇一五年，澳洲墨爾本大學的研究團隊進行了一項實驗。

團隊請一百五十名大學生挑戰需要專注力的認知測驗，然後眺望窗外的風景四十秒。

這時候，將學生分成以下兩組：

A 組：眺望栽種在屋頂上、**盛開著花朵的綠色植物**。
B 組：眺望屋頂上**裸露的水泥塊**。

接著，請他們再做一次相同的測驗。

結果，A組（眺望自然）答錯的題數比B組（眺望水泥塊）更少，得分更高。

這是因為，眺望大自然能喚醒大腦皮質下區域（sub-cortex area），讓大腦恢復對專注程度的控制能力。

只要花短短四十秒就夠了。各位在工作或學習過程中感到疲勞時，不妨主動眺望一下窗外的自然景色。

不過，有些環境根本看不見戶外風景，該怎麼辦呢？

不用擔心，根據上一篇提到的馬克・伯曼博士所進行的另一項實驗，花十分鐘欣賞自然風景照的受試者，其認知能力的恢復程度比花同樣時間看街景照的受試者還高。

也就是說，**就算只是自然風景照，也能帶來一定的效果。**

大家不妨將大自然的風景照設定成手機的待機畫面或電腦桌布，或是直接輸出後、貼在房間牆上。

有效活用「東張西望」的時間，這才是成熟的學習方法。

念書念累的時候…

眺望自然風景

大自然

走進大自然

欣賞風景照40秒

43

✕ 讀書時，
用手機代替時鐘

○ 讀書時，
把手機放在其他房間

智慧型手機是現代生活的必備品，很多人都會順手就拿起來
滑一下，有時甚至是無意識的。

另一方面，對於學習來說，它也是最妨礙人們專心、使人注
意力渙散的罪魁禍首。除非要使用 APP 或電子書學習，否則
學習時，應極力避免使用手機。

說不定有些人會說自己「只是把手機當時鐘看」，但這麼做
還是有點危險。

「光是把手機放在身邊，就會降低我們的認知能力。」

二〇一七年，美國加州大學戴維斯分校的克莉絲汀‧杜克
（Kristen Duke）博士發表了一項衝擊人心的實驗結果。

研究團隊花了兩個星期，與合計四百八十五名學生一起進行
了這項實驗。

首先，請學生將手機切換至靜音模式（沒有任何音效和震動

的狀態）。乍看之下似乎沒有任何要素可以使人分心。

接下來，將受試者分成以下三組：

A 組：將手機螢幕朝下，放在桌上。

B 組：將手機收在口袋或包包裡。

C 組：將手機放在另一個房間。

之後再請受試者進行認知能力測驗。

結果十分驚人。**手機放在桌上的 A 組成績，比手機放在其他房間的 C 組要低了 11%。**

A 組的手機確實放在桌上沒錯，但螢幕朝下，也看不見通知。沒想到就算如此，仍然使測驗結果產生了驚人的差距。

換句話說，只要手機在視線範圍內，就會奪走我們的認知能力。

當各位想專心念書時，盡量把手機放在另一個房間吧。

實在辦不到的話，也可以收進包包或櫥櫃裡（因為 B 組的成績比 A 組高）。

此外，可能很麻煩沒錯，但如果想看時間或計時，還是另外準備碼表、時鐘或手表比較好。

只要這麼做，就能讓大腦的運作效率截然不同。

44

✗ 要隨時隨地都能念書

○ 要徹底打造念書的「主場」

「隨時隨地都要能念書。」

很多人應該在大考將至的緊要關頭聽過這句話吧。的確，不論是搭車或零碎的空檔，都應該用來念書才對。

但如果想長時間專心念書，還是需要準備一個特定的空間，也就是擁有自己的「學習主場」；而所謂的主場，就是自己最熟悉的地方。

美國俄亥俄州的凱尼恩學院（Kenyon College）心理系副教授班傑明・馬爾（Benjamin Meagher）認為，**「主場」能幫助我們思考**。不同於第一次前往的地方，主場不需要費力布置環境，能讓大腦有效運作，產能自然也會提高。

具體來說，什麼樣的空間會讓我們覺得是主場呢？

除了自家之外，包括咖啡廳、圖書館、付費自習室、職場裡空著的辦公室……選項似乎不少。

關於這一點，澳洲昆士蘭大學教授克雷格‧奈特（Craig Knight）曾在二〇一〇年帶領團隊進行過一項特別的實驗。

團隊請一百一十二名受試者進行認知能測驗，內容是要以最快的速度將卡牌分類。受試者分成以下三組，分別在不同空間裡進行測驗。

A 組：沒有任何雜物、做好「斷捨離」的辦公室。
B 組：裝飾著盆栽或藝術品的獨立房間。
C 組：可隨自己喜好在牆上張貼照片或其他布置的獨立房間。

結果，**最快完成且錯誤最少的是 C 組**（可任意布置房間的這一組）。

而在測驗後的問卷調查結果中，C 組也是心理感受最舒適的一組。

由這項實驗可以看出，**應該做為「主場」的學習空間，事實上只有能隨意布置的「自家房間」而已。**

那麼，該怎麼布置才好呢？

當然，這方面可以依個人喜好，不過這裡要提供給各位一項

建議，而且對所有人都有效。

那就是在「念書時能清楚看到的地方」，張貼自己「過去的傲人成績」。

談到念書，你應該有「排名很好的模擬考成績單」「過去考取的證照」「已寫到滾瓜爛熟的習題本」吧；就算只是貼上滿分的小考考卷、章末習題頁的影本也沒關係。

很多人都會貼第一志願的學校照片，但這時候應該要用「你過去實際達成」的物品。

為什麼我會這麼建議？

二〇〇八年時，美國杜克大學心理與行為經濟學教授丹・艾瑞利（Dan Ariely）進行了一項研究。

研究小組集結了一群大學生，請他們參照說明書、組裝一組有四十個零件的樂高積木。

每完成一組積木，就能獲得一筆獎金。

但是，每完成一次，獎金也會減少十一分錢；換言之，「金錢動機」會越來越薄弱。

此外，研究小組還有另一項安排。

事實上，這群大學生被刻意分成兩組：

A 組：是「**努力有成**」組，完成的作品都會排在桌上。搭好多少組，就有多少成品擺在眼前。

B 組：是「**白費工夫**」組，成品會由工作人員收走，並當場將積木拆掉。

結果，A 組完成的作品數量，比 B 組多了 33%。

如前面提到的，並不是努力就能贏得更多獎金。可見 A 組的動力來自於**隨時都能看見**「自己完成的作品」。

若將這種效應運用在自己的學習上，說不定也能帶來不錯的結果。請大家多多借助自己的力量，用過去的成就提高學習成果。

45

○ 在意象訓練中想像
「克服困難的自己」

大家多多少少都有提不起勁的時候吧，念書時更是如此。

這種時候，許多人都會建議進行「意象訓練」。

清楚地想像自己順利錄取、達成課題並得到大家祝賀的場面，宛如事情已經成真般沉浸其中。如此一來，就能讓人產生衝向終點的爆發性行動力。

長久以來一直在推廣夢想實現法的我，也認為這個方法是實現夢想的基礎。

另一方面，的確不是所有人都能靠一般的意象訓練來激發動力，而且這是很有可能發生的情況。

這裡就要向大家說明原因並介紹應對方法。

二〇一一年，心理學家歐廷珍（Gabriele Oettingen）所帶領的團隊發表了一份令人震憾的研究報告。

研究人員將四十名學生分成兩組，讓他們任意幻想未來一週

會發生的事情。

A 組：**極度樂觀的幻想**（例如考試順利、戀情升溫……）。
B 組：**普通的幻想**（例如天氣放晴……）。

看起來 A 組的人應該都能帶著滿滿正能量好好努力吧！沒想到過了一個星期後，問卷調查的結果卻截然相反。

應該極度樂觀的 A 組受試者，從星期一開始就無精打采。

其中有 44% 的受試者否定了自己的想像，感到畏畏縮縮；至於只做出普通幻想的 B 組受試者，卻有 95% 回答「過了美好的一週」。

為什麼會出現這種完全相反的結果？

答案其實就在「幹勁」上。

「幹勁」是「為了做某件事所需要的心理能量」。換言之，如果沒有「需要跨越的障礙」，就不會產生幹勁。

然而在凡事順風順水的幻想裡，當然不會出現必須跨越的「高牆」。所以，無論再怎麼盡全力進行意象訓練，內心也不為所動。

在正確的意象訓練當中，要想像的其實是「困境」。

關於這方面，有一項有趣的研究。

二〇〇九年，一位名為克雷格・霍爾（Craig Hall）的運動心理學教授曾調查三百四十五名運動員的意象訓練成果。

在運動相關領域裡，意象訓練的研究十分盛行，主要提倡以下五種想像類型：

一、想像特定技巧奏效的瞬間。

二、想像要運用在比賽中的策略。

三、想像達成具體目標的瞬間。

四、想像放鬆、覺醒等感覺。

五、想像有效對抗困境、掌握要領的自己。

這些看起來似乎都很有用。但是根據霍爾的調查，不論是練習中或正式比賽，最能讓運動員產生自信的意象訓練，是第五種的「克服困難」型。

那麼，我們該怎麼進行這類意象訓練呢？

首先，在學習過程中，我們應該盡可能寫下自己覺得有困難的地方。可以是具體的文本頁數，也可以是精神上的憂慮。這就是你要跨越的「困境」高牆，可做為意象訓練的材料。

接下來，假設自己克服困境，並用「未來的自己回顧過去」的感覺，想像一下之所以能跨越障礙的原因。

原因可能是「老師」或「同學」，也可能是嘗試了新的「方法」，或是「環境」大幅改變。

當然，你不可能得到答案（畢竟這只是想像）。但在這個過程中，你的幹勁說不定就能像沸騰的泡泡般，咕嘟咕嘟地不斷從體內深處湧現。

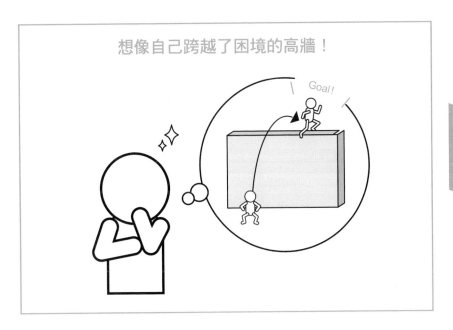

想像自己跨越了困境的高牆！

Goal!

46

✕ 及早改掉逃避現實的心態

◯ 藉由徹底的逃避，找出學習的意義

「覺得書本一直裝不進腦子裡」「不曉得念書有什麼意義，不知不覺就開始沉溺在其他興趣來逃避」……相信這是許多學生都會面臨的煩惱。看在師長眼中，這種情況真的會令人擔心得不得了呢。

事實上，我自己念高中時也曾有一樣的苦惱，不知道讀書有什麼用。就在此時，我有了讀書以外的興趣，卻也因此才重新發現學習的意義。

國中時期，我沉迷於桌球社的各項活動，不只從早到晚，就連上課時，也滿腦子想著桌球。

這是受到父親送的一本書《如果你能數到四》（詹姆斯・瓊斯〔James Breckenridge Jones〕著）影響，我在心裡生動地描繪出未來成為桌球冠軍的夢想。

理所當然的，假日時我也在練球，偶爾還會騎腳踏車往返離

186

家二十公里遠的桌球場，只為了與高中生和社會人士練習對打。

結果，這十年來都在地區預賽落敗的母校桌球隊，終於首度參加縣賽、成功獲得亞軍。我也因此獲得體保生資格，進入東京某所擁有「東日本最強桌球隊」的高中。

但我的好運也到此結束。

不愧是很強的隊伍，隊上全都是和我完全不同等級的選手。即使我背負著家鄉的期待努力練球，依然不成氣候。

此時我又剛好受傷，跟不上練習進度，高一還沒過完，就漸漸淡出桌球隊了。

「我到底是為了什麼來東京念書啊？」

失去目標的我，連課都無心去上，不管做什麼都有一堆藉口，甚至曾考慮退學，覺得不如回到故鄉山梨縣、轉入當地的高中算了。

就在這個時候，我有了兩段很重要的相遇。

第一是「書」，第二則是「一起閱讀的朋友」。

原本就很喜歡日本大河劇和歷史的我，遇見了日本國民作家

司馬遼太郎先生的著作。

其中令我格外感動的是《棲世之日》這部小說。小說前半部的主角是幕府末年的吉田松陰，他是位教育家，成立松下村塾後，培育出伊藤博文、山縣有朋等明治維新的大功臣。

才華洋溢的吉田松陰為了拓展眼界，不但決定脫藩（指脫離藩籍，不再受原有主從關係的約束，成為所謂的「浪人」），還拜託來到日本的美軍將領培里（Matthew Perry）船上的組員掩護他，打算偷渡到美國。

結果吉田松陰的計畫失敗，於是他向幕府自首、進入長州藩的野山獄服刑。包含吉田松陰在內，野山獄共有十二名囚犯，個個都是盜賊歹徒之流，獄中瀰漫絕望悲慘的氣氛。

當年才二十五歲的吉田松陰是裡頭最年輕的囚犯。起初根本沒人搭理他，但後來，他的人格和智慧在不知不覺中強烈地吸引這群囚犯。

吉田松陰提議在獄中舉辦「讀書會」，讓囚犯們互相傳授自己擅長的事物。

事實上，這些囚犯個個都有十八般武藝。坐牢已經七年的俳句老師甚至還把獄卒也拖下水，大家在獄中舉行俳句大會；坐牢四年的儒學家富永有隣教大家書法；吉田松陰自己則開課講

授「孟子」思想，聽課的囚犯和獄卒無一不端坐聽講。

這段故事令我備受衝擊。

如果連監獄都能成為「教室」，那麼不論在什麼地方、不論是誰，都有資格學習。

這麼一想，就覺得滿嘴藉口的自己實在羞愧到無地自容。

後來，我決定要效法吉田松陰；當然，我並沒有坐牢就是了，而是透過經商的父親介紹，參加了一個青年讀書會。

參加者會談論自己帶來的書籍內容，講述這本書與自己的人生對照後產生的啟示。除了負責指導的成人外，讀書會裡所有成員的年紀幾乎都差不多。

盡情逃避後，找出自己想做的事

高二那一年，我每個月都會參加一次讀書會。

在這段期間，**我成了帶領讀書會的人，指定閱讀的書籍也由我來選。**我還記得，除了最愛的司馬遼太郎以外，自己還選了包括三島由紀夫、小林秀雄、天才數學家岡潔等人的名著。

在那裡，我結交了一群有抱負、能一同學習的朋友。大家不但年齡相近，而且每個人都有遠大的志向。

我們認真閱讀書籍、反省自我，也坦然訴說夢想。

在與同伴切磋的過程中，那顆因桌球而受挫、虛脫的心，才漸漸恢復了熱情。

我的夢想到底是什麼呢？
當時的我所想到的是「將日本的美好傳播到全世界」。

當然，還是高中生的我根本沒有那個力量。
那麼該怎麼做，才能獲得這股力量？
當時的我所能做的，就只有「學習」而已。
既然如此，我打算拚命用功，考上能讓自己發揮更多潛能的大學。
那瞬間，未來「想做的事」和目前「非做不可的事」接上線了。從那時候開始，我便投入了學校的課程並準備應考。

如果你也覺得自己無心念書，但有其他興趣或在乎的事物的話，索性大膽用這些事物來逃避一段時間吧。
因為不論你的興趣或在乎的事是什麼，它們都能填滿你內心的空洞。只要你真心沉浸於某項興趣，一定能找到可互相切磋的同伴。
在這個過程中，某一刻的你會突然思考：「關於這項興趣，

我真正追求的是什麼?」這個瞬間,就是找到自己真正「想做的事」的大好機會。

找到自己想做的事之後,接著就是要找出目前「非做不可的事」。可能是工作,也可能是讀書學習。

這時,你「非做不可的事」(工作或讀書)是否真的與將來真正「想做的事」產生連結?

請你認真仔細思考一下。如果答案是「YES」,應該就能馬上湧現動力、用功念書了吧。

而你獲得耀眼成就的可能性,想必也會變得更高。

◎ 布置一個只要發呆就能提高成績的房間

◎ 站著學，效果更好

◎ 每天二十分鐘就好，走進大自然吧

◎ 眺望自然風景四十秒

◎ 念書時，要把手機放在看不到的地方

◎ 在房間裡張貼自己過去光榮成就的照片

◎ 想像克服困境的自己

後記

認真學習的人
才能得到的真正財富

　　雖然很突然，但想請教各位一個問題：以下三個選項中，哪一項做起來最簡單？

　　A、宣布開戰。
　　B、為了避免開戰而四處遊說。
　　C、為了終結已經爆發的戰爭而不斷交涉。

　　答案是 A。
　　正如最近的國際情勢，戰爭總是來得猝不及防。但戰爭的發展總是會違反最初的樂觀預測，漸漸變得難以收場。
　　因此，不論是阻止或終結戰爭，困難程度都超乎想像。

　　不過，歷史上也必定會出現肩負這項職責的人物。
　　以日本為例，像是日俄戰爭後簽署《樸茨茅斯條約》的日本代表小村壽太郎，以及為了爭取國際支持，負責向美國遊說的金子堅太郎；或例如在第二次世界大戰期間，直到最後都反對日本對美國開戰的松方乙彥、山本五十六等人。

真正有趣的在後頭。

剛剛列舉的四位人物之間有項共同點。

他們全都是哈佛大學的校友。

一九○○年代初期，四千名哈佛大學學生中，日本人僅有十位。他們的成就，來自於當初在校園裡一邊忍受孤獨，一邊努力學習的結果，以及在那段期間建立的人脈。

他們在那裡練就的不只是「智力」，更是「膽識」。

後者尤其重要。所謂的膽識，就是毫不畏懼、冷靜沉著的精神力。不論是超越自我，或是為他人貢獻，膽識都是不可或缺的。這才是認真學習能獲得的真正財富。

人類是一種只要認真學習，將來一定會想用自己所學來造福大眾的生物。這是因為透過學習獲得了膽識之故。

我們所生存的世界，就是由這群有膽識的先人建構而成。

當今的世界的確有層出不窮的問題。

為了讓自己能更安心地生活於此，我們每個人能做的，不是為此憂愁，而是養成面對問題的膽識。

因此，你最重要的一步，就是在能打動自己的領域中開始學習。如此一來，你必定也能為他人付出，並在解決世界的問題上貢獻自己的心力。即使有一天我們都要離開人世，卻也能為後代留下一個更美好的世界。

在本書中，我竭盡所能地寫出了所有能讓你踏出這一步的提示。請務必懷抱期待，有朝一日，你會真正遇見志同道合的夥伴。

最後，我要感謝許多人協助這本書的出版。

尤其是素晴舍出版社的總編輯小寺裕樹與全體同仁，從企畫到編輯作業，始終提供最佳支援；Vortex 企畫開發部的岡孝史和山野佐知子，從企畫案到文獻查詢，以及書稿的寫作，都陪著我一起奮鬥，感激不盡。

另外，我也要向和我一起致力於開拓大眾潛能的望月俊亮、神戶正博及其他 Vortex 同仁，致上我衷心的感謝。

科學告訴我們
關於學習的十個事實

1 將死之際，人們會後悔「沒有更好學一點」→P.26

2 學習不要以「完美」為目標，而要以「完成」為目標 →P.29

3 關於學習，發現越多「答錯的」越好 →P.42

4 能通過考試的人，都是「十年磨一劍」的人 →P.49

5 考試時派得上用場的記憶術，只要兩句話就能清楚說明 →P.74

6 即使年紀增長，大腦依然可以升級 →P.104

7 終極的讀書方法，是「跳過九成的內容」→P.120

8 不擅長的領域要靠個別學習；

擅長的領域才要靠團班學習 →P.154

9 只要改變眼見的事物，就算沒有幹勁也能用功 →P.162

10 藉由徹底的逃避，找出學習的意義 →P.186

作者於本書所援引的相關文獻，
請至「圓神書活網」（www.booklife.com.tw）搜尋本書書籍頁面取得。

www.booklife.com.tw　　　　　　　　reader@mail.eurasian.com.tw

New Brain　041

改變學習方式，就能改變人生
價值3600萬的超效學習法

作　　　者／望月俊孝
譯　　　者／陳聖怡
發 行 人／簡志忠
出 版 者／究竟出版社股份有限公司
地　　　址／臺北市南京東路四段50號6樓之1
電　　　話／（02）2579-6600‧2579-8800‧2570-3939
傳　　　真／（02）2579-0338‧2577-3220‧2570-3636
副 社 長／陳秋月
副總編輯／賴良珠
責任編輯／林雅萩
校　　　對／林雅萩‧張雅慧
美術編輯／林雅錚
行銷企畫／陳禹伶‧鄭曉薇
印務統籌／劉鳳剛‧高榮祥
監　　　印／高榮祥
排　　　版／莊寶鈴
經 銷 商／叩應股份有限公司
郵撥帳號／18707239
法律顧問／圓神出版事業機構法律顧問　蕭雄淋律師
印　　　刷／祥峰印刷廠
2024年3月　初版

NANSAI KARA DEMO KEKKA GA DERU HONTO NO BENKYOHO
Copyright 2020 © Toshitaka Mochizuki 2023
Original published in Japan in 2023 by Subarusya Co., Ltd.
Traditional Chinese translation rights arranged with Subarusya Co., Ltd.
Through AMANN CO., LTD.
Complex Chinese copyright © 2024 by Athena Press,
an imprint of EURASIAN PUBLISHING GROUP
All rights reserved.

定價 350 元　　　　　ISBN 978-986-137-436-9　　　　版權所有‧翻印必究

◎本書如有缺頁、破損、裝訂錯誤，請寄回本公司調換　　　Printed in Taiwan

只是改變了讀書方法，眼前的風景便完全不同了。
學會讀書法，就能擁有改變人生的機會；
讀書法就是實現夢想、實現自我的工具。

　　　　　　　　　──佐藤大和，《【圖解】狡猾的讀書法》

◆ **很喜歡這本書，很想要分享**

　圓神書活網線上提供團購優惠，
　或洽讀者服務部 02-2579-6600。

◆ **美好生活的提案家，期待為您服務**

　圓神書活網 www.Booklife.com.tw
　非會員歡迎體驗優惠，會員獨享累計福利！

國家圖書館出版品預行編目資料

改變學習方式，就能改變人生：價值3600萬的超效學習法 / 望月俊孝 著，
陳聖怡 譯 -- 初版 – 臺北市：究竟出版社股份有限公司，2024.04
　　208 面；14.8×20.8公分 --（New Brain：41）

　　ISBN 978-986-137-436-9（平裝）
　　1. CST: 學習方法
521.1　　　　　　　　　　　　　　　　　　　　113000460